Buddha-Natur
unser Potential für
Weisheit, Mitgefühl und Freude

Shamar Rinpoche

Die Buddha-Natur

unser Potential für Weisheit, Mitgefühl und Freude

Mit dem zugrundeliegenden Werk
Das Aufzeigen der Buddha-Natur
vom Dritten Karmapa, Rangjung Dorje

übersetzt und eingeleitet von
Tina Draszczyk

NORBU VERLAG

Bibliographische Information der Deutschen Bibliothek
Die Deutsche Bibliothek verzeichnet diese Publikation in der Deutschen Nationalbibliografie; detaillierte bibliografische Daten sind im Internet über http://dnb.ddb.de abrufbar

ISBN: 978-3-944885-35-3

www.norbu-verlag.de

Umschlaggestaltung und Satz: Gerd Pickshaus
Foto Umschlag: © Thule Jug, 2010
Foto Seite 27: © Thule Jug, 1996

Druck: Steinmeier GmbH & Co.KG, Deiningen

Gedruckt auf alterungsbeständigem, säurefreiem Papier aus chlorfrei gebleichtem Zellstoff

INHALT

Die Natur der Lebewesen
ist immer die eines Buddha,
doch sie erkennen dies nicht und
irren daher im endlosen Kreislauf umher.
Möge in unserem Geist überwältigendes Mitgefühl
für das grenzenlose Leid der Wesen entstehen!

Dritter Karmapa, Rangjung Dorje
Mahāmudrā-Wunschgebet

KARME DHARMA CHAKRA

Communauté monastique bouddhiste

Dhagpo Kagyu Ling,
September 12th 2018

For decades, we were blessed by the teachings transmitted by Shamar Rinpoche in Dhagpo Kagyu Ling, France. In 1988, Rinpoche gave pithy teachings on Buddha Nature in Dhagpo. Rinpoche's words and the topic itself are of true help to the practitioners of the 21st century.
Shamar Rinpoche's words combine the wisdom and experience of the core teachings of the Buddha. Through his modernity, rooted in the meaning of the speech of the Enlightened One, he renders accessible the means to unveil the inner wealth that already lies within each and every one of us to today's practitioners.

Buddha Nature is a central theme for anyone with a sincere wish to journey along the path to actualizing enlightenment. This key notion requires careful consideration so as not to misunderstand it and turn it into another samsaric concept. If correctly understood, this key point will help bring the meditative practice to its fruition. This is exactly what Shamar Rinpoche does with the following teaching: he guides the student to the most fundamental point of each and every sentient being.

Shamar Rinpoche based his explanations on the text called *Revealing Buddha Nature*, a fundamental text within the Karma Kamtsang lineage, written by the 3rd Karmapa, Rangjung Dorje. It is a concise yet precise composition that every serious practitioner should study and get a deep understanding of. On this basis, its meaning should be implemented in one's practice in order for it to bear fruits.

I deeply rejoice that Tina Draszczyk did this wonderful work of editing Shamar Rinpoche's teaching and providing a full translation of the text. This work will be meaningful not only for nowadays practitioners, but for future generations as well. Tina is thus following the footsteps of every genuine practitioner and teacher who makes the Buddha Dharma accessible in an authentic way. I would like to express my gratitude to Tina and all those who helped to complete this work.

With prayers,

Jigme Rinpoche

C O N G R E G A T I O N K A R M E D H A R M A C H A K R A

LANDREVIE – 24290 SAINT-LÉON SUR VÉZÈRE – FRANCE – TEL. 05 53 50 77 97 – FAX 05 53 50 80 54 - CONGREGATION RECONNUE, DECRET 8 JANVIER 1988

site : www.dhagpo-kagyu.org - e-mail : contact@dhagpo.org

Vorwort von Jigme Rinpoche

Jahrzehntelang waren wir von Shamar Rinpoches Erklärungen gesegnet, die er in Dhagpo Kagyü Ling in Frankreich gab. 1988 lehrte er dort in prägnanter Weise zum Thema der Buddha-Natur. Rinpoches Worte dazu, in denen sich die Weisheit dieser buddhistischen Kernlehre und seine Erfahrung verbinden, sowie das Thema an sich stellen für Praktizierende des 21. Jahrhunderts eine wirkliche Hilfe dar. Verankert in der Bedeutung der Lehre des Erwachten macht Shamar Rinpoche in seiner modernen Art heutigen Praktizierenden jene Methoden zugänglich, die es ermöglichen, den inneren Reichtum offenkundig werden zu lassen, der in allen von uns bereits vorhanden ist.

Die Buddha-Natur ist ein zentrales Thema für alle, die den ernsthaften Wunsch haben, den Weg zur Erleuchtung zu gehen. Damit sich dabei jedoch keine Missverständnisse und keine neuen saṃsārischen Konzepte einstellen, sollte die Annahme der Buddha-Natur, die wie ein Schlüssel für den Weg ist, genau bedacht werden. Richtig verstanden wird dieser Kernpunkt dazu beitragen, die meditative Praxis zur Blüte zu bringen. Genau dies unterstützt Shamar Rinpoche mit den folgenden Erläuterungen, mit denen er Schüler und Schülerinnen darin anleitet, Zugang zu dieser elementaren Natur eines jeden Lebewesens zu bekommen.

Shamar Rinpoche bezieht sich bei seinen Ausführungen auf das Werk *Das Aufzeigen der Buddha-Natur*, das vom 3. Karmapa, Rangjung Dorje, verfasst wurde und zu den grundlegenden Texten innerhalb der Karma Kamtsang-Tradition zählt. Es handelt sich dabei um eine kurze, aber genaue Abhandlung, die alle ernsthaften Praktizierenden studieren sollten, um ihr Verständnis dieses Themas zu vertiefen und es auf dieser Basis in ihrer eigenen Praxis zur Anwendung zu bringen. So wird sie Früchte tragen.

Ich freue mich sehr darüber, dass Tina Draszczyk diese wunderbare Arbeit gemacht hat, Shamar Rinpoches Erklärungen zu übersetzen und zu edieren. Diese Arbeit ist nicht nur für heutige Praktizierende von Bedeutung, sondern auch für zukünftige Generationen. Tina tritt damit in die Fußstapfen jener echten Praktizierenden und Lehrer bzw. Lehrerinnen, die den Buddha Dharma in einer authentischen Art und Weise zugänglich machen. Ich möchte daher ihr sowie all jenen, die zur Fertigstellung dieser Arbeit beigetragen haben, meine Dankbarkeit ausdrücken.

Mit Gebeten,
Jigme Rinpoche

Vorwort der Übersetzerin

Dieses Buch enthält Erklärungen zur Buddha-Natur, die der 14. Shamarpa, Mipham Chökyi Lodrö (1952–2014), in Dhagpo Kagyu Ling, Frankreich, im Jahr 1988 gegeben hat. In einer sehr inspirierenden Art und Weise arbeitete er darin das heraus, was wirklich zählt: Das Herz des Erwachtseins ist nichts anderes als unsere wahre Natur, und aus eben diesem Grund können wir alle, kann jedes Lebewesen, zu seinen bzw. ihren Buddha-Qualitäten erwachen.

Shamarpa bezieht sich in seinen Ausführungen auf den Text *Das Aufzeigen der Buddha-Natur*. Er stammt aus der Feder des 3. Karmapa, Rangjung Dorje (1284–1339), und ist selbst wiederum eine Zusammenfassung des von Maitreya/Asaṅga verfassten *Letztendlichen Kontinuums*, das heißt des *Uttaratantraśāstra*, das auch als *Ratnagotravibhāga* bekannt ist. Diese Abhandlung gilt als ein Werk, das sich der Bedeutung des sogenannten dritten oder letzten Lehrzyklus des Buddha widmet, der sich hauptsächlich um die Buddha-Natur und deren Qualitäten dreht.

Der erste Teil des vorliegenden Buchs besteht aus Shamarpas Unterweisungen, die damals von Lama Rinchen, einer in Frankreich lebenden Langzeit-Meditierenden, Übersetzerin und Retreat-Meisterin, aus dem Tibetischen gedolmetscht wurden. Ich möchte ihr an dieser Stelle für diesen großartigen Beitrag vielmals danken. Auf der Grundlage der ursprünglichen Audio-Aufnahmen stelle ich hier eine neue Übersetzung aus dem Tibetischen zur Verfügung und schätze mich glücklich, diese Kern-Lehren des Shamarpa einem größeren Publikum zugänglich machen zu können. Im zweiten Teil des Buchs findet sich die Übersetzung von *Das Aufzeigen der Buddha-Natur*, dem Text, auf dem die Ausführungen beruhen.

Da vermutlich nicht alle Leser und Leserinnen mit den von Shamar Rinpoche verwendeten buddhistischen Begriffen und insbesondere mit ihrer spezifischen Bedeutung im Kontext der Karma

Kagyü-Tradition vertraut sind, habe ich außerdem eine kurze Einleitung vorangestellt.

Mein besonderer Dank für das Edieren des Englischen geht an Lara Braitstein; sie hat ebenso Shamar Rinpoches *The Path to Awakening* herausgegeben und beim Edieren von *Boundless Wisdom* mitgewirkt. Gleichermaßen möchte ich mich bei Timothy Riese und Marjorie Lakin Erickson für ihre zusätzlichen wertvollen Korrekturen des Englischen bedanken. Für das Lektorieren der deutschen Version gilt mein besonderer Dank Marianne Krobath, Alexander Draszczyk und Lama Tilmann Lhündrup.

Ich hoffe sehr, dass die Veröffentlichung dieser Erklärungen des 14. Shamarpa all jenen, die damit in Berührung kommen, von Nutzen sein wird und dass sie zum Florieren der Aktivitäten der Shamarpas beiträgt.

Einleitung der Übersetzerin

In seinen Erklärungen geht Shamar Rinpoche darauf ein, dass Vertrauen in unser wahres Potential die Grundlage des spirituellen Wegs ist. In der Terminologie des Mahāyāna Buddhismus wird dieses Potential oft als »Buddha-Natur« bezeichnet.

Die Buddha-Natur im Kontext

Shamar Rinpoche spricht in diesem Zusammenhang von den »zahllosen Lehren«, die der Buddha gegeben hat, um Dharma-Praktizierende zu unterstützen. Aus Perspektive des Mahāyāna (Großes Fahrzeug), zu dem der tibetische Buddhismus zählt, unterrichtete der Buddha in drei Lehrzyklen, die als die drei Dharma-Räder bezeichnet werden. Diese Lehren sind in den umfangreichen Sūtras enthalten. Später wurden sie in Śāstras weiter ausgeführt. Letztere sind die Abhandlungen verschiedener indischer buddhistischer Meister, die die Bedeutung der Sūtras erläutern.

Jedes der drei Dharma-Räder hat einen bestimmten Themenschwerpunkt, durch den die Wirklichkeit in einer immer tiefer gehenden Weise verdeutlicht wird. Im ersten Dharma-Rad werden die Vier Edlen Wahrheiten erläutert, das heißt die Wahrheit des Leids, seines Ursprungs, seines Beendens und des Wegs, der dorthin führt. Der Schwerpunkt des zweiten Rads liegt auf Leerheit, das heißt darauf, dass sämtliche äußere und innere Gegebenheiten keine unabhängige, von sich aus bestehende Eigennatur aufweisen. Im dritten Dharma-Rad, oft als jenes des »genauen Unterscheidens« bezeichnet, wird genau zwischen Existenz und Nicht-Existenz, Sein und Nicht-Sein unterschieden. Hier wird betont, dass – während äußere und innere Gegebenheiten frei von einer innewohnenden Eigennatur sind – der Geist-an-sich, das heißt die Buddha-Natur, gleichzeitig über das Potential des Erwachens verfügt. Im Mahāyāna wird dafür auch der Begriff der Lichthaftigkeit des Geistes verwendet. Dies kann natürlich unterschiedlich aufgefasst werden. Für manche bedeutet es, dass die leere Natur des Geistes den Raum dafür bietet, schrittweise jene spirituelle Qualitäten zu entwickeln, die letztlich im Buddha-Zustand gipfeln. Für andere bedeutet es, dass die Leerheit des Geistes von jeher von den Qualitäten des Erwachtseins erfüllt ist oder anders gesagt, dass die wahre Natur des Geistes, hier und jetzt, tatsächlich der Zustand des Erwachtseins ist. Aus dieser Perspektive besteht der spirituelle Weg »lediglich« darin, die Buddha-Natur zu enthüllen, indem all jene Hemmnisse entfernt werden, die uns davon abhalten, mit unserer wahren Natur und deren Qualitäten in Kontakt zu sein. Shamar Rinpoche stellt in diesem Buch genau diese Sichtweise dar.

Kurz gesagt, ist »Buddha-Natur« ein Begriff, der das Wesen des Geistes beschreibt. Aus Perspektive der Kagyü-Tradition besteht der einzige Unterschied zwischen erwachten Individuen und allgemeinen Lebewesen darin, dass erstere ihre Buddha-Natur verwirklicht haben, ein Zustand, der als Nirvāṇa bezeichnet wird, während allgemeine Lebewesen ihre Buddha-Natur nicht erkannt haben, was als Saṃsāra bezeichnet wird bzw. als »saṃsārischer Geistes-Zustand«. Der Unterschied zwischen Nirvāṇa und Saṃsāra liegt also »nur« im jeweiligen Geisteszustand. Seit Jahrhunderten ist dies das Leitprinzip des spirituellen Wegs der Kagyü-Tradition. Dies geht zum Beispiel aus der folgenden Aussage des 2. Shamarpa, Khachö Wangpo (1350–1405), hervor, der so wie der 14. Shamarpa, Mipham Chökyi Lodrö, ein führender Kagyü-Meister und Halter von deren Übertragungen war:

> *Kurz gesagt: Der gegenwärtige Geist als solcher – nicht verfälscht, nicht verunreinigt, nicht verändert – ist das Herz aller Siegreichen [die Buddha-Natur]. Von jeher ist hier nichts zu entfernen und nichts hinzuzufügen. In dieser Hinsicht sollte man keinerlei – nicht die geringste – Hoffnung oder Furcht in Bezug auf irgendetwas haben. […]*

Die wahre Natur des gegenwärtigen Geistes ist Lichthaftigkeit, rein seit anfangsloser Zeit. Genau diese Natur wird das »unverfälschte Wesen« genannt. Obwohl sie mit hunderten Namen bezeichnet wird, […] ist es »nur dies«. Sie ist nicht im Sinn irgendeiner objektiven Existenz vorhanden, sondern von Natur her die Weite der großen Leerheit, die Wirklichkeit von allem: Klarheit, Bewusstheit und Ungehindertheit; sie ist das Erscheinen von allem. […] Wahrlich, in dieser Hinsicht scheinen Saṃsāra und Nirvāṇa zwar verschieden zu sein, doch sind sie von einer Natur.[1]

Der spirituelle Weg ist hier – ausgehend von der Sicht, dass der Geist-an-sich durch und durch vollkommen ist – so angelegt, dass jene Bedingungen zusammenkommen, die für einen natürlichen Heilungsprozess erforderlich sind. Dadurch wird es möglich, dass sich der Geist vom Ballast der oberflächlichen Verunreinigungen heilt.

Der konkrete Ausgangspunkt dafür ist das Verständnis des allgemeinen menschlichen Daseins; dies bringt uns zum ersten Dharma-Rad des Buddha zurück, den vier edlen Wahrheiten. Ein klassisches buddhistisches Beispiel vergleicht in diesem Kontext den Buddha mit einer heilkundigen Person, die zunächst die Krankheit seiner Patienten bzw. Patientinnen diagnostiziert, danach die Ursache(n) der Erkrankung beschreibt, daraufhin die Heilungsaussichten skizziert und schließlich die Vorgehensweisen empfiehlt, die zu dieser Heilung führen können, die therapeutischen Details, die den Heilungsprozess ermöglichen.

Sich der Auflösung des Leides widmen

Der Buddha stellte also in Bezug auf das Leben allgemeiner Wesen die Diagnose, dass dieses leidhaft ist. »Duḥkha«, der ursprüngliche Sanskrit-Begriff, der im Englischen oft mit »suffering« und im Deutschen

1 In: *Ein klarer Spiegel. Eine Einführung in die Natur des eigenen Geistes,* (Tibetisch: *Rang sems ngo sprod gsal ba'i me long*) 195–196 und 194.

mit »Leid« wiedergegeben wird, hat verschiedene Bedeutungen. Diese umfassen unter anderem subtile und grobe Anspannungen, Unzufriedenheit, Unbehagen, Stress und körperliche sowie psychische Schmerzen, seien diese groß oder klein. Der Buddha ermutigte seine Schüler und Schülerinnen dazu, diese grundlegende Situation nicht zu ignorieren oder einfach darüber hinweg zu gehen, sondern sich ihr bewusst zuzuwenden und sich zu bemühen, Duḥkha in einer tiefgehenden Weise zu verstehen. Er fuhr damit fort, auf den Ursprung dieser Anspannung hinzuweisen und erklärte, dass die Ursachen für Leid in Unwissenheit in Bezug auf die Wirklichkeit liegt, in unwillkürlichen geistigen Impulsen sowie dem Festhalten und Ablehnen, das mit diesen einhergeht und hielt seine Schüler und Schülerinnen dazu an, sich darin zu bemühen, diesen Ursprung von Leid zu überwinden; kurz gesagt, jedes Greifen loszulassen. Um Praktizierende in diesem Bestreben zu bestärken, wies der Buddha darauf hin, dass es möglich ist, sich von Leid zu befreien und letztendlichen Frieden, das Beendet-Haben von Leid, zu erlangen. Allerdings passiert dies nicht von allein; man muss etwas dafür tun. Daher gilt es, einen Weg zu praktizieren, der dorthin führt.

Der saṃsārische Daseinskreislauf

Solange man sich nicht konkret darin bemüht, die Ursachen von Duḥkha zu überwinden, solange werden sich jene Geisteszustände fortsetzen, die, wie oben beschrieben, saṃsārischer Natur sind. Damit gehen wiederum endlose Wiederholungsschleifen an Anspannung, Unbehagen, Unzufriedenheit und Schmerzen einher, was im Buddhismus als »saṃsārischer Daseinskreislauf« bezeichnet wird. Dieser Begriff impliziert, dass dies nicht auf das gegenwärtige Leben beschränkt ist. Vielmehr haben sich genau diese Muster bereits in der Vergangenheit, das heißt in früheren Leben, abgespielt und sie werden sich – solange sie nicht aufgelöst werden – auch in zukünftigen Leben fortsetzen. Aus buddhistischer Perspektive können diese Leben alle möglichen Formen annehmen und sich in angenehmen, gemischten und sehr unangenehmen Körpern und Umgebungen ereignen. Es heißt, dass mit Absicht gesetzte Handlungen karmische Eindrücke oder Samen im saṃsārischen Geist hinterlassen, die, wenn sie zur Reife kommen, das Individuum sozusagen in eine Umgebung »katapultieren«, die diese Absichten und Handlungen widerspiegelt. Oberflächlich betrachtet, scheint dies eine Situation zu beschreiben, in der Lebewesen in verschiedene äußere Welten wiedergeboren werden. Zudem wird aus Perspektive des saṃsārischen Individuums die jeweils erlebte Welt tatsächlich als eine reale Welt wahrgenommen. Wir kennen dies gut aus unserem gegenwärtigen menschlichen Dasein. Erkunden wir dies jedoch aus Sicht des Mahāyāna, wird deutlich, dass das, was wie eine reale äußere Welt wirkt, letztlich nichts anderes als eine Projektion des saṃsārischen Geistes und seiner Täuschung ist.

Es gibt keine äußere Welt

In diesem Zusammenhang erklärt Shamarpa, »sämtliche unserer Wahrnehmungen sind illusionsbedingte Erscheinungen eines Geistes, der seiner Täuschung unterliegt«.

Um einen Zugang zu dieser schwer verständlichen Aussage zu finden, mag es hilfreich sein, mit dem zu beginnen, was offenkundig ist. Sehen wir uns dafür an, was der Buddha im Rahmen der Wahrheit des Leids erklärte: Alles ist flüchtig, vergänglich. Vergänglichkeit hat wiederum viele Schichten, die vom Groben ins Feine gehen. Wir sind uns alle dessen bewusst, dass Jahreszeiten aufeinanderfolgen. Wir wissen, dass gröbere Dinge, wie ein Haus oder der Körper, irgendwann zusammenfallen bzw. sterben. Die feinere Ebene von Vergänglichkeit entzieht sich jedoch leicht unserer Aufmerksamkeit. Tatsächlich ereignet sie sich in jedem Augenblick. Die subtilste Ebene ist, dass sich ein Moment, der gerade im Entstehen ist, dabei bereits in einem Prozess der Veränderung befindet. Aus diesem Grund ist es unmöglich, einen Moment zu identifizieren, in dem etwas tatsächlich bleibt wie es ist und somit als solches für sich selbst real besteht, unabhängig von etwas anderem.

Dies bringt uns zum zweiten Dharma-Rad, in dem der Buddha lehrte, dass – aus eben diesem Grund – Gegebenheiten keine wahre Eigennatur aufweisen. Natürlich erscheinen sie, manifestieren sich und sind wirksam. Doch alles, was wir im Außen und Innen erleben ereignet sich durch Prozesse, die ständig in Veränderung sind. Keinen Bruchteil einer Sekunde gibt es daran irgendetwas Statisches oder Bleibendes. Diesem Aspekt der buddhistischen Lehren nicht unähnlich wird in der Quantenphysik in Bezug auf äußere Gegebenheiten festgestellt, dass die Welt, wie wir sie wahrnehmen, keine objektive Tatsache ist, sondern vielmehr ein dynamischer Fluss von Interaktionen. Aus buddhistischer Perspektive kann nun, da die wahrgenommene Welt keine objektive Realität aufweist, die Wahrnehmung der Welt ebenso nichts anderes sein als subjektive Prozesse – und dies bringt uns zum wahrnehmenden Bewusstsein. Wenn die Welt, die als etwas scheinbar Äußeres wahrgenommen wird, keinen Bruchteil einer Sekunde tatsächlich als solche gleichbleibend existiert, kann die Wahrnehmung derselben als eine scheinbar gleichbleibende und fortlaufende Realität nur im Bewusstsein erfolgen, das diese Welt konstruiert, und somit, buddhistisch benannt, im saṃsārischen Geist. Dieses Verständnis macht es leichter, die buddhistische Vorstellung von Wiedergeburt nachzuvollziehen. Außerdem stellt sie das gesamte Bemühen, einen spirituellen Weg zu gehen, in einen klaren Zusammenhang: Da es der eigene saṃsārische Geist ist, der sein Erleben konstruiert und projiziert, können wir auch selbst die Verantwortung für eine heilsame Schulung unseres Geistes übernehmen, die zu Freiheit und Wohlbefinden führt und sollten dies auch tatsächlich tun. In diesem Kontext betont Shamar Rinpoche die Schulung in »Bodhicitta« als *dem* hervorragenden Weg dafür. Sehen wir uns daher diese Vorstellung von Bodhicitta an, der wesentlichen Praxis im Mahāyāna Buddhismus.

Bodhicitta

Obwohl sich dafür einige Übersetzungen, wie zum Beispiel »Erleuchtungsgeist«, »Erleuchtungsdenken« u. Ä. eingebürgert haben, ist es nicht leicht, eine prägnante deutsche Übersetzung dafür zu finden. Werfen wir daher kurz einen Blick auf den Sanskrit-Begriff dafür: »Bodhi« bedeutet »Erwachtsein«. Es bezeichnet den Geisteszustand eines vollkommenen Buddha, wovon sich auch die Benennung »Buddha«, der Erwachte, ableitet. »Citta«, steht für »Geist« und handelt davon, dass Herz und Verstand ganz auf »bodhi« ausgerichtet werden. Dies erfolgt auf mehreren Ebenen, die traditionell in relatives und letztendliches Bodhicitta eingeteilt werden. Ersteres liegt ganz im Bereich unserer Konventionen, das heißt unseres Denkens, unserer Absichten und konkreten Handlungsweisen, weshalb sich auch die Übersetzung »konventionelles Bodhicitta« anbieten würde. Letztendliches Bodhicitta bezieht sich auf den nicht-dualen Geisteszustand des Erwachtseins, der sich durch den Verstand nicht ergründen lässt.

Im Mahāyāna wird das relative oder konventionelle Bodhicitta in das Bodhicitta des Strebens und jenes der Umsetzung unterteilt. Ersteres besteht in dem vertrauensvollen Streben danach, den vollkommen erwachten Zustand eines Buddha zu erlangen und frei von Hemmnissen, Trübungen und Leid zu werden. Das Bodhicitta der Umsetzung bedeutet, konkret und kontinuierlich jene Schritte im Kontext von Sicht, Meditation und Ethik zu setzen, die in Richtung des vollkommenen Erwachtseins *(bodhi)* führen. *Die* wesentliche Perspektive für Bodhicitta, sowohl im Streben als auch in der Umsetzung, ist, den spirituellen Weg nicht nur für das eigene Wohlergehen praktizieren zu wollen, sondern für jenes *aller* Lebewesen. Neben der Ausrichtung auf die eigene spirituelle Entwicklung beinhaltet Bodhicitta somit den altruistischen und weisen Herzenswunsch *(citta)*, andere hilfreich zu unterstützen.

Eine wichtige Grundlage für diese Geisteshaltung ist das Verständnis, dass sowohl man selbst als auch alle anderen Lebewesen gleichermaßen unter Karma und Kleśas oder Geistestrübungen leiden – und noch dazu alle aus dem gleichen und eigentlich auch ganz einfachen Grund, wie oben bereits ausgeführt: Wir sind uns der wahren Natur unseres Geistes nicht bewusst. Diese Trübungen, die damit verbundenen Täuschungen und alle Folgewirkungen sind jedoch lediglich oberflächlich und flüchtig. Sie sind nicht Teil der wahren Natur des Geistes, sondern verhüllen diese nur. Jedes Lebewesen könnte diese Trübungen und deren Folgewirkungen loslassen, eben weil sie flüchtig und substanzlos sind – sie haben schließlich keinen anderen Grund als das mangelnde Gewahrsein von der Natur des Geistes. Aus Mahāyāna-Sicht ist es wesentlich, dies zu verstehen, das heißt diese Gemeinsamkeit zu sehen, und zu erkennen, dass jedes Lebewesen ein der Natur des Geistes innewohnendes vollkommenes Entwicklungspotential hat, auch wenn dies von außen betrachtet meist nicht offensichtlich sein mag. Kurz gesagt, bedeutet relatives Bodhicitta, alle Lebewesen – und das schließt natürlich auch einen selbst mit ein – so unterstützen zu wollen und konkret zu fördern, dass sich der Zugang zu Weisheit, Freude und Güte eröffnet, kurzum, dass letztlich alle Wesen Buddhaschaft erlangen.

Das letztendliche Bodhicitta bezeichnet den erwachten Geisteszustand *(citta)*, der frei von allen Hemmnissen seine wahre Natur *(bodhi)* erlebt. Dieser Geisteszustand wird als »letztendlich« oder »absolut« bezeichnet, weil er nicht-dualistisch ist, jenseits aller Bedingtheit oder Flüchtigkeit. In diesem Sinn ist letztendliches Bodhicitta nichts anderes als die Buddha-Natur. Der Weg zu deren Verwirklichung besteht darin, relatives Bodhicitta zu entwickeln und gleichzeitig eine Sicht zu pflegen, die dem letztendlichen Bodhicitta entspricht. Auf der einen Seite ist letztendliches Bodhicitta also die Frucht des Weges. Auf der anderen Seite ist es die wahre Natur des Geistes, hier und jetzt, und so nährt der Weg das Entfalten der von jeher wahren Natur des eigenen Geistes.

Jene, die den spirituellen Weg mit Bodhicitta gehen, werden Bodhisattvas genannt. Die Verwirklichung, die dadurch erlangt werden wird, ist vollkommene Buddhaschaft. Shamar Rinpoches Empfehlung, wie er sie im vorliegenden Buch gibt, sich auf Bodhicitta zu fokussieren, bezieht sich zunächst auf relatives Bodhicitta. Gleichzeitig gibt er, wie in den folgenden Seiten deutlich werden wird, die Erklärungen aus der Vogelperspektive des letztendlichen Bodhicitta.

Die Weisheit des Buddha-Zustands: Dharmakāya und Form-Kāyas

Der letzte Teil dieser Einleitung bezieht sich auf die sogenannten »Kāyas«, ein Begriff, der im vorliegenden Buch häufig vorkommt. Da es wieder einmal schwierig ist, eine geeignete Übersetzung für »Kāya« im Englischen bzw. im Deutschen zu finden, wird im Buch durchgehend der Sanskrit-Begriff verwendet.

Kāya bedeutet wörtlich »Körper« oder »Verkörperung«. Es hat auch die Bedeutung von etwas Reichem, etwas Komplexem. In unserem Kontext steht Kāya für die Qualitäten des Erwachtseins, das heißt der Weisheit und des Mitgefühls des Buddha-Zustands. Um diese verschiedenen Qualitäten des Buddha-Zustands zu beschreiben, wird im Mahāyāna die klassische zweifache Unterteilung in den »Dharmakāya« (Wahrheitskörper) und die »Form-Kāyas« verwendet.

Dharmakāya bezeichnet die letztendliche Natur des Geistes und kann daher als »Verkörperung der Wirklichkeit« oder als »Verkörperung erleuchteter Qualitäten« wiedergegeben werden, da »Dharma« in diesem Kontext und aus Sicht der Kagyüs beides bedeutet. In diesem Sinn ist der Dharmakāya im Wesentlichen der Zustand absoluten Wohlbefindens, Buddhaschaft-an-sich.

Form-Kāyas sind die Manifestationen des Erwachtseins, die anderen von Nutzen sind. Dabei wird in die sogenannten »Saṃbhogakāyas« und »Nirmāṇakāyas« unterschieden. Diese Unterscheidung betrifft die Art und Weise, wie der Zustand des Erwachtseins andere unterstützt.

Saṃbhogakāya bedeutet wörtlich »Verkörperung von Genuss«. Es heißt, der Saṃbhogakāya bestehe in sehr subtilen physischen Erscheinungen, die nur von Individuen mit einem sehr reinen Geist wahrgenommen werden können, anders gesagt, von realisierten Bodhisattvas. Der »Genuss« bezieht sich auf den großen Reichtum und die Fülle des Mahāyāna, in dem Sinn, dass alles, was mit dem Saṃbhogakāya zusammenhängt, wie Umgebung, Gesellschaft, Dharma-Lehren usw., vollkommen rein ist. Da allgemeine Wesen mit ihrem saṃsārischen Bewusstsein, das von Unwissenheit verunreinigt ist, keinen derart reinen Geist haben, sind sie nicht dazu fähig, sich auf den Saṃbhogakāya zu beziehen. Sie können jedoch, im Rahmen ihrer Projektionen, die zweite Art von Form-Kāya wahrnehmen, den sogenannten Nirmāṇakāya.

Nirmāṇakāya kann als »Verkörperung von Ausstrahlungen« wiedergegeben werden. Die Art der Manifestation, die hier gemeint ist, ereignet sich auf einer gröberen Ebene, wie jener eines menschlichen Körpers. Das beste Beispiel für einen Nirmāṇakāya war Buddha Śākyamuni, der vor etwas mehr als 2500 Jahren lebte und andere dadurch unterstützte, dass er sie den Weg des Dharma lehrte. In diesem Buch geht Shamar Rinpoche auf all diese Qualitäten der Buddha-Weisheit ein und arbeitet heraus, dass, wie oben erwähnt, Buddhaschaft dem Geist von jeher innewohnt. Er macht damit deutlich, dass die Buddha-Natur mit ihren Qualitäten das eigentliche Wesen eines jeden von uns ist.

Ich hoffe, dass dieser kurze Streifzug durch einige grundlegende Prinzipien im Buddhismus im Allgemeinen und im Mahāyāna Buddhismus im Besonderen als Hintergrundinformation für die folgenden Seiten hilfreich war.

Wien, 24. Okt. 2018

Die Buddha-Natur, unser Potential für Weisheit, Mitgefühl und Freude

gelehrt vom 14. Shamarpa, Mipham Chökyi Lodrö,
auf der Grundlage des Textes *Das Aufzeigen der Buddha-Natur*
vom Dritten Karmapa, Rangjung Dorje

14. Shamar Rinpoche

Unwissenheit hat keinen konkreten Anfang, aber sie hat ein Ende

Der Buddha gab zahllose Lehren, um den zahllosen Herausforderungen zu entsprechen, mit denen Lebewesen zu tun haben. Sämtliche dieser Lehren sind dafür gedacht, Praktizierende darin zu unterstützen, dass sie ihre Buddha-Natur erkennen können, die wahre Seinsweise des Geistes.

Das Wort »Geist« deckt zwei grundlegende Aspekte ab. Auf der einen Seite steht es für den saṃsārischen Geist, auf der anderen Seite bezieht es sich auf die wahre Natur des Geistes.

Unter den vielen verschiedenen Problemen, die wir mit unserem saṃsārischen Geist haben, ist das Hauptproblem unsere Unwissenheit. Sie ist wie ein dauernd vorhandener Schleier von Unbewusstheit, der sämtliche unserer Schwierigkeiten auslöst. Wir könnten das mit der Auswirkung einer chronischen Herzerkrankung vergleichen, die die Herzfunktion einschränkt, was bewirkt, dass der Sauerstoff im Körper nicht richtig zirkuliert und er daher insgesamt beeinträchtigt ist. So ähnlich wirkt dieser Schleier, das heißt die Unwissenheit des saṃsārischen Geistes, als Ursprung sämtlicher unserer Probleme.

Worin aber besteht diese Unwissenheit? Einfach gesagt, besteht sie darin, dass der Geist, von Augenblick zu Augenblick seiner wahren Natur nicht vollständig gewahr ist. Anders formuliert, erlebt der Geist als solcher sich selbst nicht und ist daher in einem Zustand von Unbewusstheit. Aufgrund dieser Unwissenheit kommt es zu allen möglichen Vorstellungen, Gedanken und Emotionen, die unsere Handlungen beeinflussen. Die Wirkung dieser Handlungen ist wiederum ein Umherirren im saṃsārischen Daseinskreislauf mit all seinen Verwirrungen und Illusionen. Der saṃsārische Geist ist in dem Sinn verwirrt, dass er in einem Zustand ständiger Ablenkung ist, und zwar deshalb, weil er nicht in seiner wahren Natur verweilt.

Die spezifische Eigenschaft oder das Wesensmerkmal des Geistes ist, dass er *erlebt* oder *erfährt*. Ist der Geist abgelenkt, richtet sich die Aufmerksamkeit im Erleben und Erfahren nach außen, statt auf sich selbst [d. h. auf die Natur des Erlebens]. Das Bewusstsein bezieht sich auf das, was wie eine äußere Welt wirkt, indem es Gegebenheiten wie Empfindungen wahrnimmt, die sich auf der Grundlage der körperlichen Sinnesfähigkeiten ereignen. So ist der Geist zum Beispiel von einer visuellen Form abgelenkt, die er durch das Augen-Bewusstsein erfasst, oder von einem Geräusch, das er durch das Ohr-Bewusstsein erlebt. Auf Grundlage dieser Wahrnehmungen und der damit verbundenen Empfindungen trifft das Bewusstsein Unterscheidungen und wertet das, was es wahrnimmt, als angenehm oder unangenehm und damit einhergehend als gut oder schlecht und dergleichen. Diese Unterscheidungen verfestigen sich in weiteren Ablenkungen des Festhaltens und Ablehnens und fixieren den Geist in einer durch und durch dualistischen Struktur. Die Kraft der Geistestrübungen, der Vorstellungen und Emotionen, treibt diesen Prozess der Ablenkung weiter voran. Ihre Intensität und ihre zeitweise auch aggressive Natur färben die Ablenkung und wenden sie in eine unheilsame Richtung. Infolgedessen treten reaktive Denk-, Gefühls- und Handlungsmuster auf, die diese konditionierten Unterscheidungen widerspiegeln. All dies ereignet sich im saṃsārischen Geist, dessen grundlegendes Muster jenes der Unbewusstheit ist.

Könnte der Geist seine eigene wahre Natur erfahren, wäre er dem Einfluss dualistischer Täuschung nicht ausgesetzt, sondern würde stattdessen die Realität erleben, wie sie ist. Der saṃsārische Geist ist jedoch seiner eigenen Natur nicht gewahr und daher ist seine natürliche und fortlaufende Fähigkeit des Erlebens oder Erfahrens in der oben geschilderten Art der Ablenkung nach außen gerichtet. So sind sämtliche unserer Wahrnehmungen illusionsbedingte Erscheinungen eines Geistes, der seiner Täuschung unterliegt.

Vielleicht vermutet ihr, dass all dies zu einem bestimmten Zeitpunkt begonnen haben muss. Unwissenheit und die damit verbundenen saṃsārischen Geisteszustände haben jedoch keinen identifizierbaren Anfang. Wir können dies mit dem Traum von einem Pferd vergleichen. Fragt euch, ob das Pferd in eurem Traum einen realen Anfang hatte. Die Antwort auf diese Frage lautet »nein«, und zwar ganz einfach deshalb, weil das Pferd nur ein Traumbild ist und daher nicht wirklich besteht. Das Pferd ist nicht wirklich zu einem bestimmten Zeitpunkt zum Entstehen gekommen, sondern ist einfach die illusionsbedingte Erscheinung eines getäuschten Geistes, der es als etwas Reales erlebt. Mit dem Aufwachen ist das Pferd verschwunden. Da der Geist aufgehört hat, ein Pferd zu projizieren, nimmt er kein Pferd mehr wahr. In genau der gleichen Weise kann man sagen, dass Unwissenheit zwar keinen konkreten Anfang hat, doch ein Ende. Täuschende, saṃsārische Wahrnehmungen haben also keinen konkreten Anfang, aber sie können zu einem Ende kommen, und zwar im Zustand des Erwachtseins.

Vielleicht stellt sich euch auch folgende Frage: Wie kann Verwirrung überhaupt auftreten, wo die wahre Natur des Geistes doch frei von aller Täuschung sein soll? Woher also kam diese Unwissenheit? Dieser Zweifel mag euch beschäftigen, doch ist es für jene, die am Anfang des Wegs stehen, nicht sehr hilfreich, sich zu viel mit dieser Frage zu beschäftigen.[2] Im Verlauf eurer Meditationspraxis wird sich diese Frage in euch klären.

Haben sich die Täuschungen aufgelöst, offenbart sich die wahre Natur des Geistes, die Buddha-Natur, und erscheint als die unvorstellbare Weisheit des Buddha-Zustands. Mit unserem derzeitigen Geisteszustand sind wir nicht dazu fähig, dies wirklich zu erfassen. Als allgemeine Lebewesen sind wir von unseren dualistischen Geisteszuständen in einem Ausmaß eingeschränkt, dass ein Verständnis der von Täuschungen freien Weisheit der Erleuchtung außerhalb unserer Reichweite liegt. Dennoch aber gibt es Beispiele und Schilderungen,

2 Der Buddha erklärte im *Anamatagga Saṃyutta* (Pāli Kanon, S II 179), dass es unmöglich sei, das erste Beginnen der Existenz zu verstehen und dass diesbezügliche Spekulationen und Vorstellungen zu psychischen Störungen führen können.

die es uns möglich machen, uns in einer gewissen Art und Weise auf das Erwachtsein zu beziehen.

Kanonische Quellen

Beschreibungen der Buddha-Natur finden sich hauptsächlich in jenen Sūtras, die aus der Perspektive des Mahāyāna dem dritten Lehrzyklus des Buddha zugeordnet werden, sowie in den damit verbundenen Abhandlungen, die diese Sūtras weiter ausführen. In diesen kanonischen Quellen finden sich genaue Darlegungen der Qualitäten der Buddha-Natur und des Buddha-Zustands. Unter den Abhandlungen geht das *Uttaratantraśāstra*, das heißt die *Abhandlung des Letztendlichen Kontinuums*, in die meisten Details. Auf Grundlage der darin enthaltenen Erklärungen und als Zusammenfassung der wesentlichen Punkte schrieb der 3. Karmapa, Rangjung Dorje, seine Werke *Das Unterscheiden zwischen Weisheit und Bewusstsein* sowie *Das Aufzeigen der Buddha-Natur.*

Der Geist, die Grundlage von allem

In der buddhistischen Philosophie wird der Geist manchmal als Basis oder Grundlage (Sanskrit: *ālaya*) von allem bezeichnet. Er wird als Grundlage aller Täuschungen verstanden, die das Umherirren im Daseinskreislauf bedingen, wie auch als Grundlage für das Erlangen der Buddhaschaft, da sich sämtliche Qualitäten des Erwachtseins dann manifestieren, wenn Täuschung geklärt ist. Kurz gesagt, kann man sagen, dass es zwei Modi gibt: den Modus der Täuschung und den Modus der Freiheit von Täuschung. Beide sind nichts anderes als der Geist.

Auf der Basis des sogenannten Grundlage-Bewusstseins halten wir im Zustand der Täuschung an einem Selbst fest. Dieser Vorgang wird als »getrübter Geist« bezeichnet. Das Festhalten an einem Ich setzt sich zudem laufend durch die sechs Bewusstseinsaspekte fort: durch unseren Seh-, Gehör-, Geruchs-, Geschmacks- und Tast-Sinn sowie den Sinn unseres Geistes. Letzteres, das »Geist-Bewusstsein« nimmt primär den Fluss der Gedanken, Vorstellungen und Emotionen des saṃsārischen Geistes wahr. Alles in allem können wir daher acht Aspekte des saṃsārischen Geistes unterscheiden: das Grundlage-Bewusstsein, den getrübten Geist sowie die Bewusstseinsaspekte der sechs Sinne. Als Folge des Festhaltens an einem Selbst treten starke Trübungen wie Begierde, Ablehnung, Unwissenheit, Stolz und Neid auf. Dies bewirkt wiederum, dass im saṃsārischen Geist alle möglichen Gedanken, Vorstellungen und Emotionen entstehen. Er bringt Millionen davon hervor und hält damit den saṃsārischen Modus aufrecht. So funktioniert der Geist, der seiner Täuschung unterliegt.

Der Modus des Geistes frei von Täuschung ist dann gegeben, wenn diese Funktionsweisen des Geistes geklärt sind. Dann zeigt sich die Grundlage als die Weisheit des Buddha-Zustands, als Allwissenheit. Sind das Festhalten an einem »Ich« und »mein« aufgelöst, kommen keine Geistestrübungen mehr auf. Was zu diesem Zeitpunkt bleibt, ist ungetrübtes Erleben, vollkommen erwachte Weisheit, die Verwirklichung der Buddha-Natur.

Man mag sich fragen, wie sich der getäuschte Aspekt des Grundlage-Bewusstseins in einen Weisheits-Geist verwandeln kann. Die Antwort darauf lautet, dass hier kein wirklicher Wandel erfolgt. Sind vielmehr Täuschung und getäuschte Wahrnehmungen einmal aufgelöst worden, wird der Geist – wie er tatsächlich ist – offenkundig. Man könnte den saṃsārischen Geist fast als einen Zustand bezeichnen, bei dem das Grundlage-Bewusstsein erkrankt ist, ein Zustand, in dem man aufgrund von Täuschung psychisch beeinträchtigt ist. Der spirituelle Weg handelt davon, diese Störung schrittweise zu klären.

Die massivsten Unreinheiten, die uns daran hindern, die wahre Natur des Geistes zu sehen, sind jene Geistestrübungen, die durch das Festhalten an einem Selbst – das heißt der Identifikation mit dem Grundlage-Bewusstsein als gleichbleibender Identität – ausgelöst werden. Dieses Muster setzt sich bereits seit anfangsloser Zeit fort.

Unter dem Einfluss dieses Ich-Anhaftens entstehen wie von selbst immer weitere Geistestrübungen, die uns zu unseren Handlungen motivieren. Diese körperlichen, verbalen und mentalen Handlungen hinterlassen wiederum Spuren im Grundlage-Bewusstsein. So setzt sich dieser Prozess immer weiter fort, wie folgendes Beispiel verdeutlichen wird: Wird die Erde von Regen befeuchtet, gibt sie mehr Feuchtigkeit an die Luft ab. Dies führt wiederum dazu, dass weiterer Regen fällt. Insgesamt stellt sich daher ein fortlaufender Zyklus von Regen, Kondensation und weiterem Regen ein.

Gleichermaßen lösen Ich-Anhaften und die damit verbundenen Geistestrübungen Handlungen auf Ebene von Körper, Rede und Geist aus. Mit diesen Handlungen sammeln wir Karma an, wobei die damit einhergehenden Gewohnheitstendenzen im Grundlage-Bewusstsein gespeichert werden. Kommen sie zur Reife, führt dies zu weiteren Geistestrübungen und erneuten Handlungen, die Karma bewirken. Durch diese Vorgänge setzen sich die getäuschten Wahrnehmungen der saṃsārischen Daseinsformen unentwegt fort.

Solange wird uns nicht von Geistestrübungen und Karma reinigen, werden wir nicht sehen können, dass die wahre Natur des Geistes Weisheit ist. Sogar dann, wenn wir – zum Beispiel in Meditation – versuchen, auf die wahre Natur des Geistes zu blicken, werden Geistestrübungen und karmische Mechanismen einen daran hindern, das wahre Wesen des Geistes zu erkennen. Der Grund dafür ist, dass bevor sich die Frucht der Einsicht in die wahre Natur des Geistes entfalten kann, andere latente karmische Tendenzen heranreifen und diesen Prozess stören. Sie behindern oder beeinträchtigen die Fähigkeit zu sehen, dass die wahre Natur des Geistes der Buddha-Geist ist. Um dies mit einem Bild zu illustrieren: Stellt euch vor, ihr wollt mit einem Schiff ein Meer überqueren. Falls euer Schiff – bevor ihr am anderen Ufer angelangt seid – Schaden nimmt, könnt ihr euer angestrebtes Ziel nicht erreichen. So ähnlich ist es hier. Bevor ihr die Wirkung des Erkennens der Natur des Geistes als Buddha-Weisheit erreicht habt, kommen andere karmische Samen zur Reife und verhindern damit diesen Prozess. Euer Schiff nimmt sozusagen Schaden und ihr könnt nicht an das andere Ufer gelangen. Daher ist es zunächst wesentlich, den Geist von trübenden und karmischen Hemmnissen zu reinigen. Ohne diesen ersten Schritt wird es nicht gelingen, die Erkenntnis der Natur des Geistes zu erlangen.

Beginne mit Bodhicitta[3]

Um Erkenntnis der wahren Natur des Geistes zu erlangen, das heißt, das Erwachtsein zu verwirklichen, sind zwei Dinge erforderlich. Zum einen gilt es, sich von den negativen Tendenzen im Geist zu reinigen, die auf Geistestrübungen und negatives Handeln zurückgehen. Zum anderen gilt es, heilsam zu handeln, da dies die Voraussetzung dafür ist, dass sich die erleuchteten Qualitäten des Geistes entfalten können.

Die Methode, die sicherstellt, dass dies eintritt, ist, Bodhicitta zu entwickeln. Im Mahāyāna Buddhismus entwickeln und pflegen wir daher Bodhicitta vom Beginn des Wegs an bis zum Erlangen des Erwachtseins. Es mag hilfreich sein, dies mit einer Eisenbahnschiene zu vergleichen, auf der ein Zug bis zu seinem Zielbahnhof fährt. So ähnlich führt die spirituelle Entwicklung auf der »Schiene von Bodhicitta« bis zum Verwirklichen der Buddhaschaft. Dies ist der Grund dafür, warum in Mahāyāna-Schriften das Entwickeln von Bodhicitta am Anfang jeder Praxis betont wird. Wann immer wir eine bestimmte Methode anwenden, sollten wir zunächst Bodhicitta in uns hervorbringen. Bodhicitta ist die Hauptursache dafür, dass Praktizierende den Buddha-Zustand erlangen werden.

Geistestrübungen sind im Festhalten am Ich verankert, Bodhicitta hingegen darin, auf das Wohlergehen anderer bedacht zu sein. In diesem Sinn steht Bodhicitta im Gegensatz zu den Geistestrübungen und karmischen Tendenzen, die im Grundlage-Bewusstsein gespeichert sind. Daher hat Bodhicitta die Kraft, alle Negativität oder Hinder-

3 Zum Begriff »Bodhicitta« siehe Einleitung.

nisse zu beseitigen und Geistestrübungen und karmischen Tendenzen entgegenzuwirken. Auf der Grundlage von Bodhicitta wird alles, was wir tun, positiv, unsere Geisteshaltung wie auch unsere Handlungen, und zwar deshalb, weil es auf das Wohlergehen anderer Wesen ausgerichtet ist. Entwickelt ihr daher – statt nur euren persönlichen Nutzen im Sinn zu haben – von Anfang an, das heißt tatsächlich vom eigentlichen Beginn eurer spirituellen Reise an, das Gegenmittel von Bodhicitta, ist die grundlegende Orientierung sämtlicher eurer Handlungen das Wohlergehen anderer, was euer Handeln immer verdienstvoller werden lässt. So entwickeln wir uns. Mit Bodhicitta schaffen wir daher das Gegenmittel zu Geistestrübungen und negativem karmischen Handeln.

Die heilsame Kraft von Bodhicitta wirkt von Anfang an der Kraft von negativem Karma entgegen und verhindert, dass negative karmische Samen zur Reife kommen. Dies bedeutet, dass wir uns in immer besseren Umständen finden werden, mit immer besseren Möglichkeiten, um den Weg zur Erkenntnis weiterzugehen. Auf dieser Grundlage wird euer Bemühen, Buddhaschaft zu erlangen, erfolgreich sein, unabhängig davon, welche spezifischen Methoden ihr dafür anwendet. Pflegt ihr euer Bodhicitta weiter, wird euch dies schließlich dazu befähigen, alle Geistestrübungen, alles Karma und alle Verdunkelungen zu beseitigen. Dies bedeutet wiederum, dass ihr den Buddha-Zustand erlangen werdet. Im Mahāyāna wird das Entwickeln von Bodhicitta als *die* Hauptursache für diese Entwicklung betrachtet, die das vollkommene Erwachtsein zum Ziel hat. Praktizierenden wird daher nahegelegt, zunächst Bodhicitta hervorzubringen und sich auf dieser Grundlage den verschiedenen Übungen zu widmen. Das Entwickeln von Bodhicitta zu Beginn stellt sicher, dass ihr fähig werdet, den ganzen Weg bis zur Buddhaschaft zu gehen.

Diese Abhandlung *(Das Aufzeigen der Buddha-Natur)* dreht sich hauptsächlich um die Weisheit der Buddhaschaft – die Frucht, die wir anstreben. Eben diese Wirkung ist bereits jetzt im Geist eines jeden Lebewesens vorhanden, in unserer Buddha-Natur. Trotzdem aber können wir Buddhaschaft nicht sofort verwirklichen. Dies geschieht nicht einfach von selbst. Um die uns innewohnende Buddha-Natur zu verwirklichen, ist es erforderlich, einem Weg zu folgen, der diese Weisheit, die dem Geist zu eigen ist, offenkundig werden lässt. Dafür müssen wir zuallererst mit unserem gegenwärtigen Zustand der Täuschung arbeiten, und zwar, wie oben ausgeführt, mit Bodhicitta. Hier stehen uns zwei gleichermaßen hervorragende Möglichkeiten zur Verfügung. Welche der beiden ihr wählt, hängt ausschließlich von eurer eigenen Motivation ab. Beide führen zum gleichen Ziel.

Die erste Möglichkeit ist, jetzt bewusst heilsam zu handeln, und zwar mit der Motivation, andere in zukünftigen Leben besser und umfassender als in diesem Leben unterstützen zu können. In diesem Sinn geht es dabei um die Absicht, bessere Wiedergeburten in Saṃsāra zu erlangen. Handlungen, die mit dieser Intention gesetzt werden, sind sehr kraftvoll. Die karmische Wirkung der heilsamen Handlungen in Verbindung mit dieser Absicht wird sein, dass wir uns spontan in Lebensumständen finden werden, in denen wir anderen hilfreich sind. Nicht, dass wir uns bewusst daran erinnern würden, dass man anderen helfen wollte. Vielmehr tritt die Fähigkeit, anderen helfen zu können, natürlicherweise als karmische Wirkung auf. Da wir in diesen zukünftigen Leben anderen spontan von größerem Nutzen sein können, wird die Wirkung der positiven Handlungen noch größer. Dies bedeutet wiederum, dass wir in weiteren Wiedergeburten in Umständen geboren werden wird, in denen wir andere noch umfassender unterstützen können. Dieser Vorgang setzt sich immer weiter fort. Leben um Leben, in denen wir andere immer wirksamer unterstützen können und heilsam handeln, entwickeln wir uns in Richtung des Erwachens weiter. Schlussendlich führt dies zum Buddha-Zustand. Falls ihr immer wieder Geburt annehmen möchtet, um den Lebewesen hilfreich zu sein, müsst ihr verstehen, dass dies durch die Kraft heilsamen Handelns zuwege kommt.

Ist einem dies nicht klar, besteht die Gefahr der Wiedergeburt in den niederen saṃsārischen Bereichen. Da wir uns an frühere Leben nicht erinnern, können wir keine bewusste Kenntnis davon haben, dass wir uns in dieser Weise vorbereitet haben, um den spirituellen Weg fortzusetzen. Es ist nur die Kraft verdienstvollen Karmas, die durch heilsames Handeln aufgebaut wurde, die das Leben spontan in diese heilsame Richtung lenkt. Wissen wir, wie wir diesen Weg fortsetzen können, ist diese Herangehensweise an das Erlangen der Buddhaschaft hervorragend.[4]

Die zweite Möglichkeit beruht auf dem Wunsch, den Buddha-Zustand in diesem Leben zu erlangen, um dann das Wohl anderer in riesigem Ausmaß zu bewirken. Um diesen Weg zu verfolgen, suchen wir nach kraftvollen Methoden, mit denen wir uns von Karma und Geistestrübungen, die wir derzeit erleben, reinigen. *Die* wesentliche Methode dafür ist echtes Mitgefühl. Mit echtem, ungekünsteltem Mitgefühl können wir in genau diesem Leben die karmischen Kräfte all der negativen Handlungen aus der Vergangenheit sowie alle Schleier und Verunreinigungen, die den Geist beeinträchtigen, klären. Durch diese Reinigung, die auf wahrem Mitgefühl für alle Lebewesen beruht, können wir den Buddha-Zustand in diesem Leben erlangen. Dafür ist es erforderlich, ebenso wie bei der anderen Herangehensweise, genau zu verstehen, wie man diesen Weg verfolgt. Mit einem klaren Verständnis ist dieser Weg eine gleichermaßen hervorragende Art, Erleuchtung zu erlangen.[5]

4 Shamar Rinpoche nannte in anderen Kontexten, so zum Beispiel in seinem Bodhi Path Zentrum in Deutschland 2004, diese Art von Bodhicitta das »hirtengleiche Bodhicitta«. Hier wird ein Hirte als Beispiel für die Haltung von Bodhisattvas verwendet, die zuallererst das Wohlergehen anderer im Auge haben. Es ist diese Kraft, die bewirkt, dass Bodhisattvas natürlicherweise, wenn auch langsam, ihren eigenen Entwicklungsprozess hin zur Buddhaschaft durchlaufen. In der klassischen Mahāyāna-Literatur findet sich diese Wortwahl von hirtengleichen Bodhisattvas sehr häufig.

5 2004 nannte Shamar Rinpoche diese Haltung das »königsgleiche Bodhicitta«. In diesem Fall steht das Beispiel eines Königs für die altruistische Haltung von Bodhisattvas, die zunächst danach streben, selbst den Buddha-Zustand zu erlangen, um dann die Fähigkeiten zu haben, anderen zu helfen, ebenso wie ein König durch seine Macht anderen helfen kann. Auch diese Wortwahl findet sich in der klassischem Mahāyāna-Literatur immer wieder.

Beide Wege führen zum gleichen Ziel und beide entsprechen dem Großen Fahrzeug. In beiden Fällen ist es wesentlich, Verdienst anzusammeln, das heißt heilsame Absichten zu entwickeln und positiv zu handeln, da dies die Verwirklichung der Frucht des Buddha-Zustands möglich macht. In *Aufzeigen der Buddha-Natur* spricht der 3. Karmapa, Rangjung Dorje, hauptsächlich von dieser Frucht und ermutigt uns darin, deren Verwirklichung anzustreben.

Buddha-Weisheit, die wahre Natur des Geistes

Die Weisheit eines Buddha wohnt unserem Geist als Potential inne. Unser Geist ist tatsächlich von Buddha-Weisheit durchdrungen, genauso wie zum Beispiel Erdnüsse von Öl durchdrungen sind. Zu dieser Essenz des Geistes dringen wir dann vor, wenn wir unseren Geist von allen Unreinheiten gereinigt haben. Dies ermöglicht der Weisheit des Geistes, sich zu entfalten, oder in anderen Worten: die Verwirklichung der Buddhaschaft.

Die Weisheit der Buddhaschaft wird anhand von zwei Begriffen beschrieben: Dharmakāya und Form-Kāyas. Der Dharmakāya ist kurz gesagt die Erkenntnis der wahren Natur des Geistes. Die Form-Kāyas sind die körperlichen Manifestationen, durch die diese wahre Natur anderen hilfreich ist.

Die 32 Qualitäten des Dharmakāya

Die 32 Qualitäten des Dharmakāya werden in drei Gruppen dargestellt: die zehn Kräfte, die vier Arten der Furchtlosigkeit und die achtzehn Qualitäten, die nur einem Buddha zu eigen sind.

Die zehn Kräfte (Qualitäten 1–10)

Das erste »Set« der Qualitäten des Dharmakāya besteht in den zehn Kräften. »Kräfte« bezeichnet in diesem Zusammenhang die Fähigkeiten unermesslicher Weisheit.

(1) Der erste Aspekt der Weisheit eines Buddha wird als »Kenntnis dessen, was eine Grundlage ist und was keine Grundlage ist« bezeichnet. Es handelt sich dabei um die genaue Kenntnis dessen, dass auf der Grundlage von Positivem heilsame Wirkungen zustande kommen und dass sich auf der Grundlage von Negativem Unheilsames ereignet. Negatives ist daher keine Grundlage für angenehme Wirkungen. Diese Art der Kenntnis ist nicht in einem allgemeinen Sinn gemeint. Ein Beispiel dafür wäre, dass einem klar ist, dass es etwas Positives ist, das Leben von Lebewesen zu schützen und dass sich daraus positive Wirkungen ergeben, wohingegen es Negatives hervorbringen wird, wenn wir ihnen Leid zuzufügen. Sogar gewöhnliche Menschen können im Großen und Ganzen verstehen, dass positives Handeln zu positiven Wirkungen führt und negatives Handeln zu negativen. Als Kraft des Erwachtseins bedeutet diese Kenntnis viel mehr. Es geht hier um eine äußerst genaue Kenntnis dieses Musters. Gedanken allgemeiner Wesen setzen sich unendlich fort. Gelingt es uns, geistige Vorgänge in eine heilsame Richtung zu lenken, werden unendlich viele heilsame Gedanken entstehen. Gleichermaßen führt eine negative Geisteshaltung zu unendlich vielen negativen geistigen Vorgängen und somit zum Entstehen negativer oder unheilsamer Vorstellungen. Genauso, wie positive und negative Gedanken keinerlei Grenzen haben, trifft dies auch auf die karmischen Wirkungen zu. Nur Buddhas haben die Fähigkeit, jedes Detail dieser komplexen Vorgänge zu kennen. Sät man zum Beispiel einen kleinen Baumsamen, wird durch sein Heranreifen ein riesiger Baum mit einem dicken Stamm sowie vielen Ästen mit einer riesigen Menge von Blättern und Früchten wachsen. Alle Details der vielfältigen Art und Weise zu

kennen, in der einzelne Samen heranreifen, ist sehr schwierig – und davon handelt die erste der zehn Kräfte.

(2) Die zweite Kraft handelt von der Kenntnis karmischer Handlungen und deren Wirkungen. Hier geht es um die Fähigkeit, sich direkt dessen gewahr zu sein, welche Ursachen in der Vergangenheit zu welcher gegenwärtigen Situation geführt haben, das heißt zu einer spezifischen karmischen Wirkung. Es bezieht zum Beispiel die Kraft mit ein, genau zu wissen, welche karmischen Ursachen für die Wiedergeburt eines Individuums mit seiner bzw. ihrer jeweiligen Persönlichkeit geführt haben. Es bedeutet, die positiven und negativen karmischen Ursachen für eine bestimmte gegenwärtige Wirkung direkt und fehlerfrei zu kennen.

(3) Die dritte Kraft handelt von der Kenntnis der Veranlagungen und vielfältigen Natur der Lebewesen. Aus buddhistischer Sicht gibt es zahllos viele Galaxien, eine Annahme, die von der modernen Naturwissenschaft teilweise bestätigt wird. »Lebewesen« sind im Buddhismus als das definiert, was einen Geist hat, das heißt die Fähigkeit zu erfahren, zu erleben und zu empfinden. Über diese Fähigkeit nehmen Lebewesen wahr und interagieren mit ihrer Umgebung. Während viele Menschen damit vertraut sind, sich mit der materiellen Welt zu beschäftigen, dem nicht-belebten Aspekt des Lebens, fehlt ihnen oft ein gutes Verständnis des Geistes und seiner Funktionsweisen. Häufig herrscht die gewohnheitsmäßige Annahme vor, dass zwar Tiere, die eine gewisse Intelligenz zeigen, mit einem Geist beseelte Lebewesen sind, nicht aber, dass das Gleiche für jedes noch so kleine Tierchen gilt. So sind wir oft durchaus bereit zu akzeptieren, dass große Tiere wie Elefanten, Wale oder Delfine einen Geist haben könnten. Wir betrachten Delfine als sympathisch und intelligent und schreiben ihnen ein Bewusstsein zu, aber gleichzeitig dürfte es vielen Menschen schwer fallen, sich vorzustellen, dass eine Stechmücke einen Geist haben könnte. Doch jedes Lebewesen – völlig unabhängig von seiner Größe – hat ein Bewusstsein. Aus buddhistischer Perspektive gibt es unzählige Welten und entsprechend unzählige Lebewesen

von unterschiedlichster Art. Die dritte Kraft besteht in der genauen Kenntnis der unendlichen Anzahl, der Natur und der verschiedenen Veranlagungen der zahllosen Lebewesen.

(4) Die vierte Kraft besteht darin, die Fähigkeiten der Lebewesen zu kennen. Hier geht es um die Kenntnis der Kapazität der Lebewesen, auf dem Weg in Richtung Befreiung voranzukommen. Ein Buddha ist aufgrund dieser Kraft fähig zu sehen, ob bestimmte Menschen gleich einen Weg gehen können, der auf das Wohlergehen anderer ausgerichtet ist. Falls nicht, wird die Fähigkeit dieses Wesens als geringer betrachtet und entsprechend lehrte der Buddha Vorgehensweisen, die für diese Person geeignet sind. Für jene, deren Motivation ist, Buddhaschaft zum Wohl aller Wesen zu erlangen, lehrte er das Mahāyāna. Lebewesen sind grenzenlos und jedes hat spezifische Fähigkeiten oder Gaben, die daher in ihrer Verschiedenheit ebenso grenzenlos sind. Mit seiner Kraft, diese Fähigkeiten im Detail zu kennen, lehrte der Buddha als Antwort darauf den Dharma in all seiner Vielfalt.

(5) Die fünfte Kraft ist die Kenntnis der vielfältigen Absichten der Lebewesen. Ein Buddha weiß im Detail um jede Intention eines jeden Wesens. Absichten und Fähigkeiten sind ziemlich verschieden. Fähigkeiten bezieht sich auf das, was Lebewesen tun können, während ihre Intention das ist, was sie meinen zu tun bzw. was sie zu tun beabsichtigen. Die Absichten, die ein Buddha kennt, sind nicht nur allgemeine Absichten, wie zum Beispiel dass man eine bestimmte Praxis machen, eine Amitābha-Einweihung empfangen oder die entsprechende Meditation machen möchte. Ein Buddha kennt auch die tiefer liegenden Absichten, derer sich Lebewesen manchmal selbst nicht bewusst sind. Nur dann, wenn bestimmte Bedingungen zusammenkommen, werden sie sich dieser subtilen Geisteszustände bewusst, was zur Folge hat, dass sie auch erfolgreicher im Verwirklichen ihrer jeweiligen Praxis werden. Die Kenntnis eines Buddha in dieser Hinsicht ist grenzenlos.

(6) Die sechste Kraft ist die Kenntnis der Fahrzeuge. Da die Lebewesen verschiedenste Fähigkeiten und Absichten haben, lehrte

der Buddha viele verschiedene Fahrzeuge oder Yānas. Dies bedeutet, dass es zahlreiche Wege gibt, die zum Erwachen führen. Um den verschiedenen Fähigkeiten und Absichten der Wesen zu entsprechen, lehrte der Buddha daher eine endlose Anzahl an Yānas, die nach seiner Lebenszeit von großen indischen Meistern und Paṇḍitas (Gelehrten) in die drei Yānas systematisiert wurden, das heißt in das Śrāvaka-, Pratyekabuddha- und Bodhisattvayāna. In diesen drei Yānas finden sich daher alle Lehren des Buddha. Doch obwohl es dieses System gibt, gibt es tatsächlich keine Begrenzung, was die Yānas angeht. Entsprechend der großen Vielfalt der Vorstellungen, die Lebewesen in ihrem Geist haben, kann es jede Menge Yānas geben. Ein Buddha kennt die Fähigkeiten und Absichten der Wesen genau und weiß daher auch, welche Art von Weg oder Fahrzeug für das jeweilige Wesen geeignet ist.

(7) Die siebte Kraft umfasst die Kenntnis der meditativen Sammlung sowie der Geistestrübungen der Lebewesen. Diese Kraft befähigt einen Buddha, sowohl die meditativen Zustände anderer zu erfassen, die frei von Geistestrübungen sind, als auch zu wissen, in welcher Art und Weise die meditativen Zustände der Wesen von Geistestrübungen beeinträchtigt sind. Auf dem Weg des Meditierens beginnt man mit dem Weg der Ansammlung und entwickelt sich dann allmählich zu den höheren Stufen. Vom Weg der Ansammlung kommt man zum Weg der Überleitung, von dort zu den Wegen des Sehens und des Übens und schließlich zum Weg des Nicht-mehr-Lernens. Während dieses gesamten Prozesses entwickeln Bodhisattvas verschiedene Samādhi-Zustände, das heißt Formen der meditativen Sammlung, der meditativen Erfahrungen und Erkenntnisse, wie sie mit dem jeweiligen Weg verbunden sind. Praktizierende, die zum Beispiel auf dem kleinen Weg der Ansammlung sind, können nur sehr geringfügig zwischen der meditativen Sammlung des Verweilens in Ruhe (Sanskrit: *śamatha;* Tibetisch: *shine*) und jener der Tiefen Einsicht (Sanskrit: *vipaśyanā;* Tibetisch: *lhagthong*) unterscheiden. Die Art der meditativen Sammlung, wie sie sich auf dem Weg des Sehens einstellt, ist für diese Praktizierenden überhaupt nicht fassbar. Nur ein

Buddha mit seiner ungehinderten und alles erfassenden Weisheit hat eine genaue Kenntnis sämtlicher Formen meditativer Sammlungen.

(8) Die achte Kraft oder Kenntnis ist die übersinnliche Fähigkeit, die als »göttliches Auge« bezeichnet wird. Es handelt sich um eine Art außergewöhnlichen Sehens, das anderen von Nutzen ist. Mit ihrem »göttlichen Auge« kennen Buddhas im Detail Zeitpunkt und Ort des Todes und der Wiedergeburt von jedem einzelnen Lebewesen.

(9) Die neunte Kraft besteht darin, sich genau an frühere Wiedergeburten erinnern zu können. Buddhas sehen in einer ungehinderten und grenzenlosen Art und Weise den gesamten Prozess früherer Leben seit anfangsloser Zeit und jede der dort gesetzten Handlungen, und zwar ihrer eigenen früheren Leben wie auch jener aller Lebewesen. Diese Kenntnis ist nicht mit allgemeinen Formen übersinnlicher Wahrnehmung zu verwechseln, wie sie manche Menschen haben. Die Kenntnisse der Buddhas sind etwas völlig anderes, weil sie alles im Detail kennen.

(10) Die zehnte Kraft besteht in Frieden und bezieht sich auf die Kenntnis, dass sämtliche Verunreinigungen, und zwar auch die allerfeinsten, ganz zum Ende gekommen sind. Schon die Kräfte eins bis neun sind wirklich schwer zu erlangen, aber diese zehnte Kraft ist in ihrer Subtilität die schwierigste von allen. Es ist der Zustand des vollständigen Gereinigtseins von jeglicher Unreinheit. Nur Buddhas kennen diesen Zustand, da sich diese vollständige Reinigung erst mit dem Erlangen vollkommener Erleuchtung einstellt.

Da diese Qualitäten außerhalb der Reichweite dualistischer Wahrnehmung liegen, können wir sie nicht wirklich verstehen. So ist es uns – auch mit dieser Beschreibung der zehn Kräfte – nicht wirklich möglich, den Geisteszustand und die Kenntnisse von Buddhas tatsächlich nachzuvollziehen.

Die vier Arten der Furchtlosigkeit (*Qualitäten 11–14*)

Aufgrund dieser zehn Kräfte besitzen Buddhas die vier Arten der Furchtlosigkeit. Der Begriff »Furcht«, wie er hier verwendet wird, bezieht sich nicht auf unser allgemeines Verständnis im Sinn von Ängstlichkeit, sondern darauf, dass Buddhas frei von jeder Art des Zögerns sind.

(11) Die erste Art der Furchtlosigkeit besteht darin, dass Buddhas nicht zögern, sich selbst als Buddhas zu erkennen zu geben. So zögerte Buddha Śākyamuni zum Beispiel nicht zu verkünden, dass er ein Buddha ist – er selbst war der Beweis dafür. Solange man den Zustand des Erwachtseins nicht verwirklicht hat, kann man nicht beweisen, dass dies der Fall ist. Daher kann ein Mensch, der keine vollständige Erleuchtung erlangt hat, es nicht wagen, von sich zu behaupten, dass er ein Buddha sei. Buddha Śākyamuni konnte, eben weil er den Buddha-Zustand verwirklicht hat, sein Erwachtsein beweisen.

(12) Die zweite Art der Furchtlosigkeit besteht darin, dass Buddhas nicht zögern, das aufzuzeigen, was das Erlangen der Befreiung vom Daseinskreislauf verhindert. Buddhas verweisen auf die Hindernisse von Begierde, Zorn, Unwissenheit, Eifersucht, Neid und dergleichen. Sie haben diesbezüglich keinerlei Unsicherheit und zögern nicht, ihr eigenes Verständnis zu vermitteln, weil sie diese Wahrheit erkannt haben.

Vor langer Zeit wurde in Indien eine spirituelle Tradition erfunden, von der es hieß, sie würde in nur sechs Sätzen sämtliche Methoden zur Befreiung von der Illusion von Saṃsāra bzw. zum Erlangen von Nirvāṇa zusammenfassen. Diese Tradition bezeichnete sich als »Nachkomme der Eule«. Worum es dem Begründer wirklich ging war, eine große Anzahl von Anhängern um sich zu scharen, um diese mit seinen Lehren zu kontrollieren. Als er hinsichtlich der Authentizität und der Wirksamkeit seiner sechs Sätze befragt wurde, antwortete er, dass die Götter ihm diese sechs gegeben hätten. Auf weiteres Nachfragen, was ihn da so sicher mache, erzählte er folgende Geschichte: Eines Tages habe sich die Ausstrahlung eines Gottes in der Gestalt einer Eule auf sein Fenster gesetzt. Diese Eule habe immer dann, wenn er sie bezüglich der sechs Sätze gefragt hat, zustimmend genickt. Dies war der Beweis für die Authentizität seiner Lehren. Diese Art von Person verfügt nicht über die Furchtlosigkeit oder das Freisein von Zögern in Bezug auf die Lehren, die sie anbietet. Wer schenkt einer Eule Glauben? Ganz anders verhält es sich mit den Lehren des Buddha, die nachweislich authentisch sind.

Der springende Punkt ist: Lehrt man einen Weg zur Befreiung aus Saṃsāra, muss man alle Fehler, die auf diesem Weg von Anfang bis zum Ende gemacht werden können, kennen. Jene, die über derartige Kenntnisse verfügen, zögern nicht, anderen diesen authentischen Weg aufzuzeigen. Mangelt es an dieser Kenntnis, sollte man jedoch zögern, da man in diesem Fall andere in die Irre leiten wird. Buddhas aber brauchen aufgrund ihrer vollständigen Kenntnis diese Art von Zögern nicht.

(13) Die dritte Furchtlosigkeit besteht darin, dass Buddhas nicht zögern, den Dharma, den gesamten Weg mit all seinen Methoden, zu unterrichten, um die Lebewesen aus Saṃsāra zu befreien. Buddhas vermitteln einen richtigen Weg mit den richtigen Methoden, um Schüler bzw. Schülerinnen zum Erwachen zu führen. So hat zum Beispiel Marpa (1012–1097), einer der wichtigsten tibetischen Vorväter der Kagyü-Tradition, seinen Schüler Milarepa (1040–1123), der zu einem der größten tibetischen Yogis wurde, so unterrichtet, dass er ihn zunächst eine ganze Reihe von Härten durchlaufen ließ. Er ließ ihn eigenhändig viermal hintereinander einen Turm bauen, der jeweils für die vier Arten von Aktivität stand: befriedend, vermehrend, kraftvoll und zornvoll. Jedes Mal, wenn Milarepa den Bau beendet hatte, wies Marpa ihn an, diesen wieder abzutragen und einen neuen zu errichten. Marpa wiederholte das viermal, und zwar als Methode, um Milarepa für die Lehren vorzubereiten. Weiß ein Lehrer nicht, dass eine ganz bestimmte Methode die jeweiligen Schüler unterstützen wird, ist es nicht möglich, diese Methode anzuwenden. Es wäre viel zu gefährlich.

Die Schüler bzw. Schülerinnen würden dabei Erfahrungen durchlaufen, die ihrem Weg nicht zuträglich wären. Milarepa brauchte damals diese Art von Lernprozess, aber es gibt keinerlei Sicherheit, dass eine derartige Herangehensweise auch für andere geeignet ist. Aufgrund ihrer Furchtlosigkeit gibt es bei Buddhas nicht die geringsten Zweifel in Bezug darauf, zu welchem Zeitpunkt welche Anleitung für welche Schüler und Schülerinnen erforderlich ist. Dementsprechend vermitteln sie ihnen die Methoden des Wegs.

(14) Die vierte Art der Furchtlosigkeit besteht darin, dass Buddhas keinerlei Zögern in Bezug auf die Frucht haben. Lehrende, die Schüler bzw. Schülerinnen unterrichten, müssen sich dessen sicher sein, dass der von ihnen aufgezeigte Weg zur Frucht des Erwachtseins, der Buddhaschaft, führt. Anderenfalls mag es vorkommen, dass Schüler in die Irre geleitet werden. Letztlich wissen nur Buddhas, die frei von jeglicher Unsicherheit sind, dass eine bestimmte Art der Praxis des Wegs zum Buddha-Zustand führt.

Während sich die erste und zweite Art der Furchtlosigkeit auf das Freisein von Zögern in Bezug auf das Erlangen des Erwachtseins des Buddha selbst beziehen, bestehen die dritte und vierte Art der Furchtlosigkeit im Freisein von Zögern in Bezug auf den Weg und die Frucht.

Die achtzehn Qualitäten, die nur einem Buddha zu eigen sind

Mit den vier Arten der Furchtlosigkeit gehen ebenso die Qualitäten einher, die nur bei Buddhas vorhanden sind, wenn sie mit jenen der śrāvaka- und Pratyekabuddha-Arhats sowie der Bodhisattvas verglichen werden. Es sind Qualitäten, die jenen der Arhats und Bodhisattvas überlegen sind. Daher werden sie als die 18 Qualitäten beschrieben, die nur Buddhas zu eigen sind.

[Die achtzehn Qualitäten, die nur Buddhas zu eigen sind, werden in vier Gruppen unterteilt. Die ersten sechs beziehen sich auf das Verhalten von Körper, Rede und Geist und ihre vollkommen reine Art

und Weise, Lebewesen zu unterstützen. *Die nächsten sechs beziehen sich auf die Erkenntnis von Buddhas, die weiteren drei auf das Wirken von Buddhas und die letzten drei auf die Qualitäten ihrer Weisheit.]*

Verhalten und die Art und Weise, Lebewesen zu unterstützen (Qualitäten 15–20)

(15) Das körperliche Verhalten von Buddhas ist immer vollkommen, und zwar deshalb, weil sie frei von jeglicher Täuschung sind. Vergleicht man das körperliche Verhalten von śrāvaka- und Pratyekabuddha-Arhats sowie von Bodhisattvas mit jenem allgemeiner Lebewesen, ist es rein und doch ist es – im Vergleich zu jenem von Buddhas – nicht vollkommen rein.

(16) Die zweite Qualität bezieht sich auf die Rede der Buddhas. Buddhas verlieren sich beim Vermitteln des Dharma niemals in müßigem Gerede. Sie sprechen nie in unangemessener oder inkorrekter Art und Weise. Śrāvaka- und Pratyekabuddha-Arhats sowie Bodhisattvas setzen ihre Rede beim Vermitteln des Dharma auch korrekt ein, verglichen mit Buddhas ist ihre Rede jedoch nicht absolut rein. Bis der vollkommene Buddha-Zustand erlangt ist, wird es immer wieder vorkommen, dass die Rede einer Person nicht vollkommen rein ist.

(17) Die dritte Qualität bezieht sich auf den Geist der Buddhas. Buddhas verfügen über eine vollständige und ungehinderte Erinnerung an alles. śrāvaka- und Pratyekabuddha-Arhats sowie Bodhisattvas haben eine sehr gute Erinnerung, jedoch ist sie nicht vollständig und ungehindert. Das Erinnerungsvermögen der Pratyekabuddha-Arhats übertrifft jenes der śrāvaka-Arhats und das der Bodhisattvas übertrifft wiederum jenes der Pratyekabuddha-Arhats. Sie alle haben jedoch Momente, in denen sie sich nicht vollständig an Vergangenes erinnern können. Nur Buddhas verfügen über die vollständige und ungehinderte Fähigkeit, sich an alles zu erinnern.

(18) Die vierte Qualität betrifft den Zustand der meditativen Sammlung. Buddhas sind in allen vier möglichen Positionen – beim Gehen, Stehen, Liegen und Sitzen – in meditativer Sammlung. Im Vergleich dazu können realisierte Bodhisattvas zwar lange Zeit hindurch in meditativer Sammlung sein, dennoch aber gibt es bei ihnen außerhalb der formalen Meditation Zeiten, in denen sie nicht in meditativer Sammlung sind. Was śrāvaka- und Pratyekabuddha-Arhats angeht, gibt es während ihres Lebens immer wieder Momente, in denen sie nicht in meditativer Sammlung sind. Mit ihrem Ableben verweilen sie dann im sogenannten Zustand ohne Rest,[6] in dem sie konstant in meditativer Sammlung sind. Dennoch aber ist dies nicht die vollkommene und letztendliche Form meditativer Sammlung, in der Buddhas verweilen; bei ihnen gibt es niemals einen Moment, in dem sie diese verlieren würden.

(19) Die fünfte der achtzehn Qualitäten, die nur Buddhas zu eigen sind, besteht darin, dass Buddhas niemals die Vorstellung haben, dass der Daseinskreislauf und der Buddha-Zustand oder Nirvāṇa verschieden voneinander wären. Buddhas trennen diese beiden nicht. Buddhas sind sich der wahren Natur von allem gewahr und wissen daher, dass Saṃsāra und Nirvāṇa nicht voneinander verschieden sind. Aus der Perspektive jener, die nicht erwacht sind, ist Saṃsāra etwas anderes als Nirvāṇa. Für uns ist diese Trennung normal und tatsächlich auch erforderlich. Anderenfalls machen wir uns nur selbst etwas vor.

(20) Die sechste der achtzehn Qualitäten besteht darin, dass Buddhas immer richtig unterscheiden. Sie sind sich immer dessen gewahr, wer welche Form der Unterstützung benötigt. Es mangelt ihnen niemals an dieser Art der Unterscheidung. Arhats und

6 Solange Arhats am Leben sind, leben sie mit dem »Rest« ihres früheren Karmas und der Geistestrübugen, d. h. in ihrem Körper, obwohl sie ihren Geist von Schleiern befreit haben. Mit ihrem Ableben hört auch dieser »Rest« auf zu bestehen. Deshalb wird dieser Zustand des Beendet-Habens als »Zustand ohne Rest« bezeichnet. Es handelt sich um einen rein geistigen Zustand, in dem alle saṃsārischen Bindungen gelöst wurden und es daher zu keiner Wiedergeburt mehr kommt.

Bodhisattvas sind sich manchmal nicht dessen bewusst, welche Anleitung eine bestimmte Person hilfreich unterstützt, was in folgendem Beispiel deutlich wird: Der große Arhat Kāśyapa, einer der sehr engen Schüler des Buddha wurde einmal von Devadatta darum gebeten, ihm die Gabe des Wunderzeigens zu vermitteln. Kāśyapa war damals nicht fähig, Devadattas eigentliche Absicht zu erfassen und unterrichtete ihn daher entsprechend. Devadatta hatte um diese Unterweisungen gebeten, weil er einen üblen Plan umsetzen wollte, für den er die Gabe des Wunderzeigens benötigte und er verursachte in der Folge massive Probleme damit. Als er an Kāśyapa herantrat, gab sich Devadatta als ein dem Buddha äußerst ergebener, echter Praktizierender aus. Grundsätzlich hat die Fähigkeit, Wunder zu zeigen, nichts mit spiritueller Erkenntnis zu tun. Sie stellt sich eher dadurch ein, dass man den Geist einspitzig fokussieren kann. Devadatta konzentrierte sich auf diesen Zustand des Verweilens in Ruhe und wurde dadurch fähig, Wunder zu zeigen, obwohl er über keine spirituelle Erkenntnis verfügte. Er suchte den König auf und manifestierte in dessen Gegenwart seine Kräfte, was zur Folge hatte, dass der König ihm Vertrauen schenkte und sein Schüler wurde. Devadatta manipulierte den König derart, dass dieser den Buddha angriff. All dies geschah, weil der Arhat Kāśyapa zu Beginn die Umstände nicht genau erfasst hat. Derartige Fehler können sich bei Arhats einstellen. Auch Bodhisattvas können den Fehler machen, eine bestimmte Situation nicht richtig zu einzuschätzen. Es kam zum Beispiel vor, dass Bodhisattvas von üblen nicht-menschlichen Lebewesen, deren Absicht war, Hindernisse zu bereiten, in die Irre geführt wurden. Diese nicht-menschlichen Wesen haben die Bodhisattvas darum gebeten, ihnen Gliedmaßen ihres Körpers zu schenken, aber nur, um sie zu schädigen. Es gab Bodhisattvas, die die Umstände nicht genau erfasst haben, und dieser Bitte nachgekommen sind. Buddhas würden niemals derartige Fehler machen. Selbst bei Millionen von Schülern sind sich Buddhas genau dessen gewahr, wer unter ihnen welche Art von Unterstützung benötigt.

Die Erkenntnis der Buddhas (Qualitäten 21–26)

(21) Die siebte der achtzehn Qualitäten ist, dass der Wunsch von Buddhas, das Rad des Dharma in Bewegung zu halten, niemals abnimmt. In unserer Ära hat Buddha Śākyamuni das Dharma-Rad gedreht. Da er nicht mehr am Leben ist, ist klar, dass Menschen wie wir nicht das Glück haben, ihm zu begegnen. Konkret bedeutet dies, dass wir nicht das Karma haben, einen Buddha persönlich zu treffen und direkt von ihm Unterweisungen zu empfangen. Es verhält sich dabei jedoch nicht so, dass der Buddha aus dieser Welt verschwunden ist, um sich irgendwo auszuruhen, und er sein Lehren beendet hat. Wann immer das Karma, Dharma-Lehren zu empfangen, in Lebewesen zur Reife kommt, unterrichten Buddhas. Ihr Wunsch, das Dharma-Rad zu drehen, nimmt also niemals ab. Tatsächlich drehen Buddhas das Rad des Dharma ununterbrochen und machen ihn damit zu allen Zeiten zugänglich. Was die Lebewesen angeht, müssen sie jedoch das entsprechende Karma haben, um diese Lehren erhalten zu können.

(22) Die achte der achtzehn Qualitäten ist, dass die freudige Energie, mit der Buddhas das Wohl der Lebewesen bewirken, niemals abnimmt. Diese freudige Energie hat keine Grenze. Sie ist daher ganz anders als unsere eingeschränkte Art der freudigen Anstrengung, bei der wir uns in verschiedenster Weise bemühen und uns wirklich anstrengen müssen. Die freudige Energie der Buddhas ist hingegen vollständig natürlich und unterstützt zahllose Lebewesen immer und überall. Diese freudige Energie erfordert seitens der Buddhas nicht die geringste Anstrengung.

(23) Die neunte der achtzehn Qualitäten besteht darin, dass das achtsame Gewahrsein der Buddhas niemals abnimmt. Grundsätzlich hat Achtsamkeit mit Erinnerung zu tun. Hier jedoch bezieht es sich nicht auf die Fähigkeit des Erinnerns in einem allgemeinen Sinn, sondern bedeutet vielmehr, dass sich Buddhas in jedem Augenblick der Verschiedenheit, der Fähigkeiten und des Karmas der Lebewesen im Detail gewahr sind. Ihre diesbezügliche Bewusstheit reißt niemals ab.

(24) Die zehnte der achtzehn Qualitäten besteht darin, dass die meditative Sammlung von Buddhas niemals abnimmt. Dies ist so ähnlich wie die oben bereits erwähnte achtzehnte der 32 Kräfte, wo es hieß, dass Buddhas immer im Zustand meditativer Sammlung sind. Der Unterschied zwischen diesen beiden ist, dass die oben beschriebene Kraft im Zusammenhang mit dem Verhalten von Buddhas steht, während es hier um den Geist der Buddhas geht, der von Natur aus in meditativer Sammlung ist. Anders als allgemeine Lebewesen brauchen sich Buddhas nicht in Meditation zu vertiefen. Ihr Geist ist an sich meditative Sammlung.

(25) Die elfte der achtzehn Qualitäten besteht in Einsicht, was in diesem Kontext Allwissenheit bedeutet. Diese Einsicht ist nicht mit allgemeiner Intelligenz vergleichbar, bei der man sich durch Erkunden und Erforschen ein bestimmtes Wissen in Bezug auf etwas aneignet. Die Allwissenheit von Buddhas ist nicht in dieser Art und Weise konditioniert. Es ist kein enger, eingeschränkter Geisteszustand, sondern Einsicht in dem Sinn, dass Buddhas aller Dinge gewahr sind, vollständig und augenblicklich.

(26) Die zwölfte der achtzehn Qualitäten besteht darin, dass die Einsicht von Buddhas nicht einmal von den allerfeinsten trübenden und kognitiven Hemmnissen beeinträchtigt ist. Buddhas verfügen somit über die Qualität der Einsicht der Weisheit der Befreiung.[7]

Das Wirken der Buddhas (Qualitäten 27–29)

(27) Das körperliche Wirken der Buddhas besteht darin, dass sie sich in verschiedenen Formen manifestieren und mit ihrem Wirken die Lebewesen deren Bedürfnissen entsprechend unterstützen. Ein Bei-

7 Der Begriff »Einsicht der Weisheit der Befreiung« betont, dass nicht nur die Hemmnisse überwunden wurden, die ein Individuum an den Daseinskreislauf binden, sondern auch jene, die das Erlangen vollkommener Buddhaschaft verhindern. Der Hinweis, dass selbst die subtilsten trübenden und kognitiven Hemmnisse überwunden sind, bezieht sich darauf.

spiel dafür ist die Art und Weise, wie sich der Buddha in dieser Welt, in unserer Zeit, zeigte. Man sollte jedoch verstehen, dass sich Buddhas nicht nur als Menschen in der Welt der Menschen manifestieren, sondern in vielen anderen Formen, jeweils so, wie dies zu den verschiedenen Daseinswelten und Umständen passt. So kann es sein, dass sich Buddhas auch in unbeseelten Formen manifestieren, zum Beispiel als Reliquie im Sinn einer Segensquelle oder als selbst-entstandener Stūpa. Es kann sein, dass sie sich als hilfreiche Substanzen, wie zum Beispiel als Heilkräuter manifestieren, die keine schädlichen Nebenwirkungen haben, oder als essbare Pflanzen, die den Ernährungsbedarf der Menschen abdecken. Ein weiteres Beispiel für physische Manifestationen von Buddhas ist die reine Welt Sukhāvatī (Tibetisch: *dewachen*), wie sie von Buddha Amitābha manifestiert wurde.

(28) Das verbale Wirken der Buddhas besteht darin, dass sie mit den 60 Qualitäten ihrer Rede Dharma-Lehren zum Ausdruck bringen. Buddhas lehren dabei in einer Weise, dass beispielsweise alle Zuhörenden die Unterweisungen in ihrer eigenen Sprache hören.

(29) Das geistige Wirken der Buddhas besteht darin, dass sie immer von vollkommener, unaufhörlicher liebender Güte und Mitgefühl für die Lebewesen erfüllt sind und diese Haltung niemals abnimmt.

Diese drei Aspekte des Wirkens von Buddhas sind miteinander verbunden und bedingen einander.

Die Weisheit von Buddhas (Qualitäten 30–32)

Buddhas sind in Bezug auf alles, was erlebt werden kann, allwissend, und dies in jedem Augenblick, sei es hinsichtlich

(30) der Vergangenheit,
(31) der Zukunft oder
(32) der Gegenwart.

Die Weisheit der Buddhas besteht darin, dass alles, was erlebt werden kann, erfahren wird. Es kommt dabei niemals vor, dass sich Dinge vermischen oder falsch verstanden werden. Buddhas unterliegen niemals einer Täuschung.

Dies also sind die 32 Buddha-Qualitäten: die zehn Kräfte, die vier Arten der Furchtlosigkeit und die achtzehn Qualitäten, die nur Buddhas zu eigen sind. Es sind dies die Qualitäten des Dharmakāya, die grundsätzlich dem Geist jedes Lebewesens innewohnen. Hier und jetzt sind sie die wahre Natur, die eigentliche Qualität unseres Geistes, unsere Buddha-Natur. Da wir uns wegen unserer grundlegenden Unwissenheit dessen jedoch nicht bewusst sind, sind diese Qualitäten derzeit nicht offenkundig. Ist grundlegende Unwissenheit jedoch einmal geklärt, werden sie zum Vorschein kommen.

Wie können Qualitäten vorhanden aber nicht manifest sein?

Um zu verdeutlichen, dass Qualitäten zwar grundsätzlich vorhanden sein können, sich aber nicht als solche manifestieren, untersuchen buddhistische Lehrsysteme den Geist und dessen Funktionsweisen. Ein diesbezügliches Modell unterscheidet in diesem Kontext in drei Aspekte des Geistes, in die Ebene der vorgestellten Natur, der abhängigen Natur und der vollkommenen Natur, das heißt des vollkommenen Seins. Dies ist ein wichtiges Thema buddhistischer Philosophie, insbesondere in Zusammenhang mit der Yogācāra-Lehrmeinung.[8]

Sehen wir uns zunächst die Ebene der »vorgestellten Natur« an. Derzeit ist unser Geist in einem Zustand der Unwissenheit, da er seiner eigentlichen Natur nicht gewahr ist. Aufgrund dieser Unwissenheit besteht unsere Wahrnehmung aus Täuschungen. Der Begriff vorgestellte Natur bezieht sich auf diese Täuschungen und auf unsere der Täuschung unterliegende Wahrnehmung. Wir könnten auch

8 Die zwei Hauptströmungen der Philosophie des Mahāyāna Buddhismus sind Yogācāra und Madhyamaka (der Mittlere Weg).

sagen, dass die gesamte Welt der Erscheinungen vom dualistischen Bewusstsein projiziert wird, aber als solche von sich aus nicht wirklich existiert. Gegebenheiten scheinen zwar im Außen zu existieren, dennoch aber sind sie im Grunde einfach Erscheinungen, die ein der Täuschung unterliegendes Bewusstsein wahrnimmt, indem dieses die Dinge erfindet oder sich vorstellt. Dies erfolgt durch ein inneres Festhalten, ein Greifen nach Erfahrung und somit durch die Fähigkeit des Bewusstseins, wahrzunehmen. Die vorgestellte Natur umfasst dabei die Objekte, die erscheinen, wie auch das festhaltende Bewusstsein, das diese erfasst. Diese beiden werden von uns als zwei verschiedene Dinge erlebt, als Subjekt und Objekt. Die gesamte saṃsārische Erfahrung der Welt und unsere Interaktion mit ihr erfolgt auf dieser Basis.

Die »abhängige Natur« bezeichnet ebenso einen Aspekt des Geistes im Zustand der Unwissenheit; auch hier geht es nicht um den Weisheits-Geist eines Buddha. Die abhängige Natur besteht darin, dass das saṃsārische Bewusstsein dahingehend verunreinigt ist, dass es zur Gänze unter dem Einfluss der beiden Pole von Subjekt und Objekt steht, die zu einhundert Prozent als eine wirkliche Welt erlebt werden. Der saṃsārische Geist ist somit von seinen Subjekt-Objekt Projektionen, die er irrigerweise wahrnimmt, abhängig. Da der saṃsārische Geist dieser Wahrnehmung ausgeliefert ist, erlebt er keine Freiheit. Dies ist der Grund dafür, warum hier von einem »abhängigen« Bewusstsein gesprochen wird. Kurz gesagt, handelt die abhängige Natur von unserem Bewusstsein und dessen saṃsārischen Funktionsweisen, das heißt unserem von seinen Täuschungen vereinnahmten Geist.

Das »vollkommene Sein« benennt die wahre Natur des Geistes, den Dharmakāya mit seinen oben geschilderten Qualitäten. Es ist die vollkommene, manifeste Gegenwart dessen, was von jeher gegeben ist, und wird daher als vollkommene Weisheit bezeichnet. Wird diese natürliche Vollkommenheit verwirklicht, ist die wahre Natur des Geistes erkannt. An diesem Punkt unterliegt der Geist nicht länger dem Einfluss der vorgestellten und abhängigen Natur. Umgekehrt, solange man die wahre Natur des Geistes nicht erkennt, funktioniert das Bewusstsein im oben beschriebenen Verlauf der vorgestellten und der abhängigen Natur.

Wir können uns auch die Frage ansehen, ob die vorgestellte und die abhängige Natur sowie das vollkommene Sein tatsächlich vorhanden sind oder nicht.

Betrachten wir dafür zunächst die vorgestellte Natur. Täuschungen – und das ist es, wovon die vorgestellte Natur handelt – existieren nicht für sich, sind flüchtig und substanzlos. Im Grunde sind sie nur wirre Manifestationen, die vom dualistischen Geist hervorgebracht wurden. Sie ähneln Traumbildern, die keinerlei unabhängige, wahre Existenz haben. Obwohl diese Erscheinungen in einer äußeren Welt zu existieren scheinen, haben sie außerhalb des sie projizierenden Geistes tatsächlich keinerlei unabhängige Existenz. Da sie niemals außerhalb des Geistes existiert haben, können sie auch nicht entfernt werden. Anders als zum Beispiel eine Unreinheit auf der Haut, die entfernt werden kann. Die vorgestellte Natur ist also nicht tatsächlich vorhanden und hat niemals als solche existiert.

Die abhängige Natur, das heißt der von seinen Projektionen vereinnahmte Geist, existiert, der Philosophie der Yogācāra-Schule gemäß, dahingehend, dass es sich hier um den Geist-an-sich handelt, der lediglich von der vorgestellten Natur beeinflusst und ihr in diesem Sinn ausgeliefert ist; man könnte auch sagen, von ihr verunreinigt ist.

Das vollkommene Sein ist, der Yogācāra-Schule gemäß, der Geist-an-sich frei von der vorgestellten und der abhängigen Natur. Aus Perspektive der Madhyamaka-Philosophie verhält es sich etwas anders, da dieser Sicht gemäß auch der Geist-an-sich nicht wirklich existiert.

Ganz allgemein gesagt, wird in den buddhistischen Gemeinschaften in Indien und Tibet die in der Madhyamaka-Schule dargelegte Anschauung als die höchste buddhistische Sicht verstanden. Auf sie folgt dann das Yogācāra-System. Allerdings kann man, solange man keine hohe Bodhisattva-Realisation erlangt hat, nicht wirklich sagen, welche Sicht niedriger und welche höher ist. Alles, was wir tun können, ist, der Tradition zu folgen und anzunehmen, dass die Madhyamaka-

Sicht die höchste sei. Bis wir das Erwachtsein erlangen, können wir nicht sagen, welche Sicht die überlegene ist.

In jedem Fall stimmen die Yogācāra- und Madhyamaka-Schulen darin überein, dass sie die vorgestellte Natur als nicht wahrhaft existent erachten, als leer von einer Eigennatur. Sie unterscheiden sich nur in der Frage, ob der Geist-an-sich existiert oder nicht. Grundsätzlich ziehen es die Mādhyamikas ohnehin meist vor, in die relative und letztendliche Wirklichkeit zu unterscheiden und nicht diese Lehre der dreifachen Natur zu verwenden. Zudem, auch wenn hinsichtlich der Frage nach der Existenz des Geistes-an-sich, die Yogācāra- und Madhyamaka-Schulen nicht miteinander übereinstimmen, liegen sie dabei auch nicht dramatisch weit auseinander. Am wichtigsten ist darüber hinaus, dass diese Unterschiede in der Sicht für Praktizierende auf dem Weg kein Problem darstellen: Da beide, sowohl die Yogācāra- als auch die Madhyamaka-Sicht, eine geeignete Grundlage für Meditationspraxis sind, könnt ihr euch an die eine oder die andere halten.

Unabhängig davon, welche Form von Meditation ihr übt, ist es für eure Praxis sehr hilfreich und wichtig, ein klares Verständnis dieser Sichtweisen zu haben, die den Geist, seine Natur und seine Funktionsweisen darlegen. Mit einem genauen Verständnis wird sich die Meditation in der richtigen Art und Weise entfalten, ohne dass es dabei zu Fehlern und Problemen kommt. Buddhistische Meditation handelt davon, mit dem Geist zu arbeiten. Mangelt es daher an einem guten Verständnis der Prozesse und der Natur des Geistes, können sich Fehler in der Praxis einschleichen. Um gut meditieren zu können, ist daher ein gutes Verständnis vom Geist erforderlich.

Die besonderen Qualitäten der Form-Kāyas

Die verschiedenen Qualitäten des Dharmakāya beschreiben die Weisheit des Buddha-Zustands an sich, die Qualitäten des Erwachtseins. Die Manifestationen des Dharmakāya, das heißt die Art und

Weise, wie dieser Lebewesen von Nutzen ist, sind von ihm untrennbar. Diese Manifestationen und ihre Qualitäten werden als Form-Kāyas bezeichnet. Die Form-Kāyas bestehen aus dem Saṃbhogakāya (Freudenkörper) und dem Nirmāṇakāya (Ausstrahlungskörper). Diese beiden sind nicht wie Kṛṣṇa oder irgendein anderer Gott, der in einer anderen Dimension lebt. Der Dharmakāya und die beiden Form-Kāyas sind vielmehr die Natur des Geistes-an-sich, das geistige Kontinuum eines jeden Lebewesens.

Der Saṃbhogakāya (Freudenkörper) kann von Bodhisattvas wahrgenommen werden, die auf den Stufen des Erwachens (Sanskrit: *bhūmi*) sind. Er ist also von Lebewesen erfassbar, die den saṃsārischen Geist überwunden haben, aber noch nicht vollkommen erwacht sind. Da Bodhisattvas einen sehr reinen Geist mit einer großen Fülle von Verdienst und Einsicht haben, sind sie dazu fähig, reine Buddha-Welten und die Manifestationen der Buddhas als Saṃbhogakāyas zu genießen. Allgemeine unreine Lebewesen können nur den Nirmāṇakāya (Ausstrahlungskörper) wahrnehmen. Man sollte diese beiden Form-Kāyas jedoch nicht im Sinn von höher und niedriger einstufen. Aus Perspektive der zwei Kāyas gibt es keine derartige Unterscheidung. Was wie wahrgenommen wird ist ausschließlich eine Frage des jeweiligen Geisteszustands und damit des Verdienstes und der Weisheit der jeweiligen Lebewesen.

Sowohl der Dharmakāya (Wahrheitskörper) als auch die beiden Form-Kāyas wohnen unserem Geist inne, wobei der Dharmakāya die Basis dafür ist, dass sich die Form-Kāyas manifestieren. Dies lässt sich mit der Sonne vergleichen, die die grundlegende Ursache für die Sonnenstrahlen darstellt. Zur Manifestation der Form-Kāyas kommt es kraft der Fülle von Verdienst, das auf dem Bodhisattva-Weg angesammelt wurde, und zwar über einen Zeitraum von drei sogenannten unermesslichen Zeitaltern. Bodhisattvas, die das vollkommene Erwachtsein erlangen, das heißt den Dharmakāya verwirklichen, manifestieren kraft dieses Verdienstes spontan die Form-Kāyas zum Nutzen aller Lebewesen. Dieser Prozess beginnt mit dem erstmaligen Entwickeln von Bodhicitta des Strebens wie auch der Umsetzung. Von da an setzt er sich durch die heilsame Kraft fort, die durch das Unterstützen von Lebewesen entsteht.

Anfänger-Bodhisattvas sind in der Lage, geringfügige Mengen heilsamer Kraft entstehen zu lassen. Doch diese kleine Menge an Verdienst wächst an und vermehrt sich. Jede einzelne heilsame Handlung ist eine Ursache für umfangreicheres Handeln, wie bei einer Kettenreaktion. So wird das Verdienst immer umfangreicher, bis sich Bodhisattvas einer unermesslichen Fülle heilsamen Wirkens widmen können. Bodhisattvas entwickeln sich entsprechend durch die Wege der Ansammlung und der Überleitung, auf denen ihre Fähigkeit für heilsames Wirken bereits außerordentlich groß ist. Allmählich erlangen sie den Weg des Sehens und damit die erste Bodhisattva Bhūmi. Mit diesem Entwicklungsprozess, der sich über die Bhūmis erstreckt, vermehrt sich das Ausmaß, in dem Heilsames angesammelt wird, ins Unendliche, bis mit der Vervollkommnung der zehn Bhūmis der Buddha-Zustand erlangt wird. Mit der vollständigen Erkenntnis des Dharmakāya manifestiert sich das Verdienst, das durch diesen gesamten Verlauf hervorgebracht worden ist, als die Form-Kāyas und somit als ununterbrochenes Wirken zum Wohl der Lebewesen.

Diese Kettenreaktion des Heilsamen wird durch die Kraft von Bodhicitta ausgelöst. Eine heilsame Handlung wirkt als Ursache für die nächste und in dieser Weise vermehrt sich das Verdienst und wird unendlich. Ohne Bodhicitta ist dies nicht möglich.

Heilsames, unabhängig davon, wie groß es sein mag, das ohne Bodhicitta entwickelt wurde, reift natürlich zu positiven Wirkungen heran, allerdings erschöpft es sich damit auch schon. Mit Bodhicitta wird jedoch jede heilsame Handlung, wie unscheinbar sie auch wirken mag, zur Ursache für immer mehr Heilsames und wächst daher unentwegt heran. Diese heilsame Kraft wird sich niemals erschöpfen. Dies ist darin begründet, dass das Handeln nicht auf das eigene Wohlergehen ausgerichtet, sondern dem Wohl aller Lebewesen gewidmet ist. Dies ist der Grund, warum Bodhicitta als die Wurzel aller Qualitäten verstanden wird, insbesondere als *die* Quelle für das Erlangen der Buddhaschaft.

Kurz gesagt, wird der Dharmakāya hauptsächlich durch die Kraft von Einsicht verwirklicht, während sich die beiden Form-Kāyas im Wesentlichen durch die Kraft von Verdienst manifestieren. Gleichzeitig sind der Dharmakāya und die Form-Kāyas bereits hier und jetzt die eigentliche Natur unseres Geistes. Dennoch, solange die Methoden, die zu ihrer Verwirklichung führen, nicht angewandt werden, das heißt das Ansammeln von Verdienst und Einsicht, bleiben uns der Dharmakāya und die Form-Kāyas verborgen.

Wie sollte man nun diese Manifestationen der Form-Kāyas verstehen? Welche Art von Kāyas, von Körpern, manifestieren sich? Um dies zu verstehen, lohnt es sich, zunächst auf unseren gegenwärtigen saṃsārischen Zustand der Täuschung zu blicken. Derzeit nehmen wir unseren Dharmakāya nicht wahr. Dies bringt mit sich, dass wir ein der Täuschung unterliegendes Erleben haben, das genaue Gegenteil der wahren Natur des Geistes und deren Qualitäten. Wir erleben einfach nur unseren saṃsārischen Geist und somit auch nur physische Erscheinungen, die genauso unrein oder wirr sind. Der saṃsārische Geist hält an einem Selbst fest, wo es kein Selbst gibt, was Geistestrübungen mit sich bringt. Dies lässt uns so handeln, dass wir nach dem Tod in Wiedergeburten katapultiert werden, in denen wir im Erleben einer Welt und eines physischen Körpers erneut unserer Täuschung unterliegen.

Wie die jeweilige Welt und der jeweilige Körper erlebt werden, hängt dabei vom jeweiligen individuellen Karma ab, das angesammelt wurde. Dies trifft für uns als Menschen zu, mit unserer Art von Körper und Welt, die wir bewohnen, genauso wie für andere Zustände. So hat zum Beispiel im Tierbereich ein Elefant seinen spezifischen Körper, ebenso wie ein Fisch, der im Wasser lebt, oder ein Vogel, der durch die Luft fliegt. Die Ursache für den jeweiligen Körper liegt in den früheren karmischen Handlungen des jeweiligen Lebewesens. In diesem Sinn sind die Körper von all den Lebewesen nichts anderes als illusionsbedingte Erscheinungen des saṃsārischen Geistes.

Ist Täuschung einmal zur Gänze geklärt, kommt es nicht mehr zu den Manifestationen eines der Täuschung unterliegenden Geistes. Nun manifestiert sich der Geist, der den Dharmakāya verwirklicht hat, vielmehr in reinen Erscheinungen und Körpern: den beiden Form-Kāyas.

Da diese Form-Kāyas und ihre wahren Qualitäten also nichts mit der Art zu tun haben, wie der saṃsārische Geist im menschlichen Dasein funktioniert, sind sie für allgemeine Menschen im Grunde nicht wahrnehmbar. Sie sind einfach nicht Teil des menschlichen Wahrnehmungsspektrums. Schilderungen dieser Kāyas und ihrer Qualitäten mithilfe von Wörtern und Vorstellungen, die uns zugänglich sind, werden gegeben, damit wir fähig werden, einen Bezug zu diesen Kāyas herzustellen. Aussagen wie »hat man die wahre Natur des Geistes, den Dharmakāya, verwirklicht, manifestieren sich die entsprechenden Qualitäten als Form-Kāyas« sollen uns eine gewisse Idee davon vermitteln. Der gegenwärtige Geisteszustand dient in diesem Fall als Beispiel für den Prozess der Manifestationen. Rein intellektuell können wir schließlich nachvollziehen, dass genauso, wie sich aus einem der Täuschung unterliegenden Geist ein unreiner Körper und dessen Umgebung manifestiert, sich aus einem reinen Geist, dem reinen Dharmakāya, die reinen Form-Kāyas manifestieren.

Es ist wichtig, sich dessen bewusst zu sein, dass dies nur ein intellektuelles Verständnis ist und nicht bedeutet, dass wir wirklich wissen, was die Form-Kāyas sind. Unsere Art und Weise, uns auf die Dinge über unsere Sinnesfähigkeiten und neurotischen Bewusstseinsvorgänge zu beziehen, sind dafür viel zu eingeschränkt. Daher sollten wir auf unsere Vorstellungen in Bezug auf die Natur der Form-Kāyas und auf das Bild, das wir uns derzeit von ihnen machen, nicht fixiert sein. Unsere Vorstellungen über sie können gar nicht richtig sein. Vielleicht gehen wir davon aus, dass die Saṃbhogakāyas mehr oder weniger unseren eigenen Körpern entsprechen und nur viel schöner, majestätischer, kraftvoller usw. sind. Aber sie ähneln unseren Körpern nicht im Geringsten. Um ein einfaches Beispiel zu geben: Denkt nicht, dass die Saṃbhoga- und Nirmāṇakāyas so in ein Café gehen, wie wir dies tun.

Das Wichtigste hier ist zu verstehen, dass der Dharmakāya und die Form-Kāyas dann erlangt werden, wenn der Geist von aller Unreinheit geklärt ist. In diesem Sinn ist die Ursache für den Buddha-Zustand und die Manifestationen zum Wohl anderer das Ansammeln von Verdienst und Einsicht. Die Frucht, die sich dadurch einstellt, ist die Verwirklichung von Dharmakāya, Saṃbhogakāya und Nirmāṇakāya.

Sich von Verdunkelungen reinigen

Die verschiedenen Verdunkelungen, die den Geist beeinträchtigen, werden Schritt für Schritt geklärt. Zunächst gilt es, jene Hemmnisse zu entfernen, die in plagenden Geistestrübungen wie Begierde, Zorn, Unwissenheit, Neid, Stolz, Eifersucht usw. bestehen. Diesen Prozess durchlaufen wir auf den Wegen der Ansammlung und der Überleitung. Sind diese den Geist trübenden Verdunkelungen einmal überwunden, erlangen wir den Weg des Sehens und damit die erste Bodhisattva-Stufe oder Bhūmi. Zu diesem Zeitpunkt sind die offenkundigen Hemmnisse, die in Geistestrübungen bestehen, zur Gänze entfernt. Der Geist ist jedoch nach wie vor von kognitiven Hemmnissen in Bezug auf das, was erfahren wird, beeinträchtigt. Diese Verdunkelungen bestehen im Festhalten an den Merkmalen der Erscheinungen, die ein der Täuschung unterliegender Geist projiziert.

Während sich Bodhisattvas von der ersten bis zur siebten Bhūmi entwickeln, reinigen sie sich hauptsächlich von diesen kognitiven Hemmnissen. Doch sogar auf der Entwicklungsebene der siebten Bhūmi ist der Geist immer noch von sehr subtilen Hemmnissen belastet, und zwar von jenen, die das Samādhi beeinträchtigen. Sie werden die Hemmnisse der meditativen Sammlung genannt und verhindern, dass Bodhisattvas die letztendliche und vollkommene Ebene der meditativen Sammlung erleben. Auf dieser Entwicklungsstufe haben Bodhisattvas, obwohl sie bereits auf einer hohen Bodhisattva-Stufe sind, noch nicht die Weisheit der Buddhaschaft erlangt. Auf der achten, neunten und zehnten Bhūmi klären sich auch diese Hemmnisse und Bodhisattvas, die den gesamten Prozess durchlaufen, verwirklichen schließlich die Weisheit des Buddha-Zustands.

Um diese Errungenschaften in eine nachvollziehbare Perspektive zu stellen: mit dem Erlangen der ersten Bhūmi sind die Leiden und Probleme des Daseinskreislaufs überwunden. Deshalb sollte man diese Erkenntnisstufe nicht unterschätzen. Im Bestreben, den Buddha-Zustand zu erlangen, mag es vorkommen, dass man der ersten Bodhisattva-Stufe keine besondere Bedeutung beimisst. Die erste Bhūmi ist jedoch eine außerordentliche Verwirklichung, die nicht leicht erlangt wird. Hat man einmal die erste Bhūmi erlangt, wird man natürlicherweise die folgenden Bodhisattva-Stufen durchlaufen, eine nach der anderen und schließlich zum Buddha werden. Diejenigen, die die erste Bhūmi erlangen, sind daher weit fortgeschrittene Praktizierende und mit Sicherheit nicht Menschen, die in die Probleme eines gewöhnlichen Lebens verstrickt sind.

Weisheit, die sich in Handlungen manifestiert

Buddhaschaft manifestiert sich zum Wohl der Lebewesen. Sie wirkt nicht mit Erscheinungen im Rahmen von Täuschungen, sondern durch Weisheit, die sich in Handlungen zeigt – ein spontan erfolgendes Wirken. Dieses wird daher auch als Buddha-Aktivität bezeichnet und manifestiert sich durch die zwei Form-Kāyas.

Betrachten wir noch einmal wie sich bei allgemeinen Lebewesen Erscheinungen manifestieren. Aufgrund ihres jeweiligen Karmas werden Lebewesen in bestimmten Körpern und entsprechenden Umgebungen wiedergeboren und nehmen Visuelles, Töne, Gerüche, Geschmacksempfindungen, Tastbares und geistige Objekte wahr. Davon ausgehend reagieren sie, indem sie das festhalten, was ihnen angenehm ist oder für sich selbst bzw. für Nahestehende nützlich erscheint, und das abwehren, was ihnen unangenehm ist. Diese Unterscheidungen werden ständig getroffen, und die Wesen, die zur Gänze in ihrer Täuschung verloren sind, sind sich dessen weder gewahr noch in einem Zustand des Friedens. Dies ist ein sehr ungeschliffener Zustand, in dem wir an unserem Bewusstsein als einem innerem Subjekt (unser Selbst) und an Erscheinungen, das heißt der wahrgenommenen Welt, als äußere Dinge festhalten. Alles wird auf der Grundlage dieser dualistischen Trennung erlebt und die Subjekt-Objekt Bezüge mit dem damit einhergehenden Festhalten, Abwehren und Gleichgültigkeit ereignen sich ständig. So funktioniert die Welt allgemeiner Lebewesen, mit all ihren Problemen und Schwierigkeiten.

Die Form-Kāyas manifestieren sich hingegen kraft des Dharmakāya und sind frei von jeglicher dualistischer Fixierung. Ein Erleben, das in Weisheit frei von dualistischem Erfassen besteht, ist nicht mehr von der allgemeinen Wahrnehmung von Visuellem, Tönen, Gerüchen, Geschmacksempfindungen, Tastbarem und Gedanken bzw. Gefühlen und Vorstellungen vereinnahmt. Anhaften und Abneigung, Greifen und Abwehren, finden nicht statt. So war zum Beispiel der erwachte Yogi Milarepa nicht von allgemeiner Wahrnehmung oder dualistischem Erfassen eingeschränkt. Einmal manifestierte er sich in einem kleinen Yak-Horn, und zwar ohne das Wunder zu vollbringen, seinen Körper zu verkleinern oder das Horn zu vergrößern. Trotzdem aber konnte er seinen Körper in ein Yak-Horn platzieren. Man mag sich fragen, wie so etwas möglich sein soll. Nun, Kategorien wie »klein« und »groß« sind nichts anderes als die Auswirkung des dualistischen Erfassens. Da wir an den Vorstellungen von klein und groß festhalten, sind wir nicht dazu fähig, unsere Körper in ein kleines Yak-Horn zu transferieren. Erwachte Wesen, die sich aus der Falle dualistischer Vorstellungen und deren Einschränkungen befreit haben, können alles tun, weil sie nicht mehr von Festhalten vereinnahmt sind.

Wir für unseren Teil nehmen aufgrund unseres dualistischen Festhaltens eine unreine Welt wahr. Auf Grundlage der sechs Sinnesfähigkeiten erleben wir unreine, das heißt allgemeine visuelle Dinge, Töne, Gerüche, Geschmacksempfindungen, Tastbares und geistige Objekte. Erwachte Wesen hingegen erleben reine Saṃbhogakāya-Welten, mit allen damit verbundenen vollkommenen Qualitäten und bewirken das Wohl der Lebewesen. Es ist ihre von dualistischen Wahrnehmungen freie Weisheit, die sie dazu befähigt. So hat Buddha Amitābha die reine Welt Sukhāvatī manifestiert. Mit dieser Welt erleichtert er es Lebewesen, in einer reinen Welt wiedergeboren zu werden, und unterstützt sie somit in ihrer Entwicklung hin zum Buddha-Zustand. Die Fähigkeit, all dies zu tun, wird »Weisheit, die sich in Handlungen manifestiert« genannt und ist die Aktivität und somit die Weisheit der beiden Form-Kāyas.

Es gibt zahllose Lebewesen und somit ereignet sich die Weisheit, die sich in Handlungen manifestiert, auch in zahllosen Aktivitäten, um den Wesen zu helfen. Wie oben erwähnt, ist die Grundlage für diese Weisheit das völlige Freisein von dualistischen Vorstellungen. Durch diese Kraft manifestieren sich reine Kāyas und reine Welten in allen möglichen Arten und Weisen. Diese Aktivität unterstützt die zahllosen Wesen jeweils so, wie es für sie hilfreich ist. Seitens der Lebewesen ist die dafür nötige Voraussetzung jedoch, dass sie das Karma dafür haben und somit für diese Aktivität zugänglich sind. Immer dann, wenn diese Offenheit für das erwachte Wirken vorhanden ist, manifestiert sich die unterstützende Aktivität sofort.

Ein weiterer Aspekt dieser Aktivität besteht darin, jene Lebewesen, die noch nicht reif dafür sind, zu dieser Reife zu führen, was an folgendem Entwicklungsbeispiel deutlich wird: Die Saṃbhogakāyas und deren reine Welten können nur von realisierten Bodhisattvas wahrgenommen werden. Bevor Bodhisattvas diese spirituelle Ebene erlangt haben, waren sie jedoch allgemeine Wesen, die einen Weg und Methoden gefunden haben, um Bodhicitta zu entwickeln und zu vertiefen. Dass sie fähig waren, einen derartigen Weg und diese Methoden zu finden und sich dadurch zu realisierten Bodhisattvas entwickelt haben, beruhte wiederum auf dem Wirken der Buddhas.

Mit ihrer Bodhisattva-Verwirklichung auf den Bhūmis sind sie nun fähig, die Saṃbhogakāyas und deren reine Welten wahrzunehmen.

Wir können dies auch aus einer anderen Perspektive betrachten. Wie bereits gesagt, ist Bodhicitta *die* Quelle für all diese Methoden und Wege. Erkennen wir einmal die wahre Natur des Geistes, beginnt, eben weil der Geist-an-sich Bodhicitta ist und dies nun erfahren wird, sich dieser zum Wohl anderer zu manifestieren. Von den ersten Schritten des Bodhisattva-Weges ausgehend war und ist dies immer die Intention. Und wieder: All dies geschieht aufgrund von sogenannter Buddha-Aktivität. In gewisser Weise ist Bodhicitta daher wie eine Mutter und Buddhaschaft wie deren Kind.

Wir können auch sagen, dass der Dharmakāya wie die Sonne am Himmel ist und die Form-Kāyas den Lichtstrahlen entsprechen, die von der Sonne ausströmen. Die Wirkung ist, dass die Wärme dieser Sonnenstrahlen alle in der Erde befindlichen Samen heranreifen lässt. Es ist dieser Vorgang des Zur-Reife-Bringens, der als »Weisheit, die sich in Handlungen manifestiert«, bezeichnet wird.

Weisheit, die die Vielfalt der Erscheinungen kennt

Die Weisheit und das damit verbundene Wirken des Buddha-Zustands ist grenzenlos und entspricht den gleichermaßen endlosen Varianten der Verwirrung und den illusionsbedingten Wahrnehmungen bzw. Erscheinungen der Lebewesen. Dabei unterstützen die Weisheit und das Wirken des Buddha-Zustands Lebewesen darin, sich von Unreinheiten zu reinigen. Die Art und Weise, wie der Buddha-Zustand als Unterstützung vorhanden ist, gleicht dem Raum. Im Raum können sich alle möglichen Wolken zusammenfügen, weiße oder schwarze. Durch das Einwirken von Luftströmungen kommt es zudem zu den verschiedensten Wolkenformationen. Der Raum bzw. der Himmel an sich ändert sich jedoch nie und wird von diesen Wolkenformationen oder Erscheinungen nicht verunreinigt. So ähnlich erfährt der Weisheitszustand eines Buddha alle möglichen allgemeinen und reinen

Lebewesen und bezieht sich auf sie, ist aber niemals von deren Karma oder Wahrnehmungen beeinträchtigt. Die Fähigkeit, zu erkennen, was dabei im Einzelfall jeweils erforderlich ist, wird als »Weisheit, die die Vielfalt der Erscheinungen kennt«, bezeichnet und das mit dieser Weisheit verbundene Wirken erreicht die Lebewesen überall.

Die Weisheit der Gleichheit

Allgemeine Lebewesen identifizieren sich mit ihrem Grundlage-Bewusstsein. Sie halten dieses für ein Selbst und sind dadurch von ihrem dualistischen Festhalten eingeengt. Wie oben geschildert, führt diese Fixierung zur Erfahrung einer dualistischen Welt mit der Vorstellung von Ich versus anderes. Im Buddha-Zustand ist dieses Festhalten an Dualität zur Gänze überwunden und dieses Sein frei von jeglichem Festhalten an Dualität heißt »Weisheit der Gleichheit«. Die Wirkungsweise der Weisheit der Gleichheit von Buddhas ist, dass sie niemals den vollkommenen Frieden des Dharmakāya verlassen, während sie unaufhörlich das Wohl der Wesen bewirken. Möglich wird dies dadurch, dass das Festhalten am Grundlage-Bewusstsein als einem Selbst und die damit einhergehenden dualistischen Fixierungen überwunden sind. Haben sich diese Verunreinigungen einmal aufgelöst, kommt es zu keinem erneuten dualistischen Festhalten im Daseinskreislauf.

Der Unterschied zwischen einem Arhat und einem Buddha

Buddhas verweilen in der Sphäre des Dharmakāya. Dieser Zustand ist nicht der gleiche wie die von Arhats erlebte meditative Sammlung, sei es, dass sie das Śrāvaka- oder das Pratyekabuddha-Fahrzeug praktiziert haben. Da sie nicht die letztendliche Frucht des Weges erlangt haben, wirken sie auch nicht durch die beiden Form-Kāyas zum Wohl der Lebewesen. Arhats haben ihren Geist von allen Geistestrübungen gereinigt, sich daher von karmischer Unreinheit befreit und so das Prinzip der karmischen Ursachen und Wirkungen transzendiert. Dennoch aber haben sie die meditative Sammlung nicht vervollkommnet und verweilen in einer bestimmten Form der Sammlung. Im Gegensatz dazu ist in der Weisheit eines Buddha meditative Sammlung vervollkommnet. Buddhas weichen nie vom Zustand meditativer Sammlung ab und wirken, während sie in einem Zustand des letztendlichen Friedens sind, natürlicherweise für das Wohlergehen der Lebewesen

Die Form-Kāyas sind nicht wie allgemeine Körper

Die beiden Form-Kāyas sollten nicht mit unseren eigenen Körpern oder den Daseinsgruppen (Form, Empfindung, Unterscheidung, Formkräfte und Bewusstsein) gleichgesetzt werden. Der Körper, als Teil der fünf Daseinsgruppen (Skandhas), ist eine Auswirkung von Geistestrübungen und Karma und ist somit unrein und unweigerlich mit Leid verbunden. Die zwei Form-Kāyas hingegen sind ein spontaner Ausdruck von Weisheit. Da sie nicht das Resultat von Geistestrübungen und karmischen Handlungen sind, entsprechen sie nicht unseren Körpern.

Unwissenheit und illusionsbedingte Erscheinungen treten nicht wieder auf

Die wahre Natur des Geistes ist die Buddha-Natur, die derzeit von Verdunkelungen überschattet ist. Man mag sich fragen, ob die Gefahr eines erneuten Auftretens von Unwissenheit besteht, selbst dann, wenn der Geist einmal von aller Unreinheit gereinigt und Buddhaschaft erlangt worden ist. Dem ist jedoch nicht so. Der Buddha-Zustand ist endgültig. Der Grund dafür ist, dass Buddhaschaft kraft der Weisheit erlangt wird, also aufgrund der dem Geist zu eigenen sich selbst erkennenden Bewusstheit. Das heißt, dass der Geist in diesem

Zustand nichts anderes als Weisheit ist und deshalb nicht wieder in Unwissenheit abgleiten kann. Buddhaschaft wird nie nachlassen.

Man mag sich ebenso fragen, ob sich die illusionsbedingten Erscheinungen des Daseinskreislaufs erneut manifestieren. Die Antwort ist die gleiche: Sie tun es nicht. Der Grund dafür liegt in der Art, wie sich illusionsbedingte Erscheinungen in der Wahrnehmung allgemeiner Wesen manifestieren: Diese halten an ihrem Grundlage-Bewusstsein als einem Selbst fest, was zu Geistestrübungen, karmischen Handlungen und deren Wirkungen führt. Dieser ganze Prozess findet im Buddha-Zustand nicht statt, und zwar genau deshalb, weil der Geist sich selbst erkennende Bewusstheit ist. Diese Weisheit erkennt, dass Geistestrübungen und illusionsbedingte Erscheinungen keine reale Eigennatur haben und nicht wirklich existieren. In einem Geist, der sich dessen vollkommenen bewusst ist, können Geistestrübungen und illusionsbedingte Erscheinungen nicht zu etwas scheinbar Realem werden. Letzteres ist ausschließlich die Erfahrung eines seiner Täuschung unterliegenden Geistes. Ist der Geist also einmal in einem Zustand vollkommener Weisheit frei von aller Täuschung, dann kommt es nicht mehr zum Aufkommen dieser illusionsbedingten Erscheinungen. Es ist so ähnlich, als wäre man aus einem Traum erwacht. Im Wachzustand ist der Traum einfach weg.

Die Buddha-Natur ist wie Golderz

Die Weisheit eines Buddha mit all ihren Qualitäten ist das eigentliche Wesen unseres Geiststroms und lässt sich mit Golderz vergleichen. Solange das Golderz jedoch nicht bearbeitet wird, bleibt das Rohgold in einem Gemenge aus Steinen, Erde usw. verborgen. Ist das Gold jedoch extrahiert und sind die anderen Substanzen entfernt worden, hat man das Feingold, dessen verschiedene Qualitäten jetzt zum Vorschein kommen. Bemüht man sich jedoch nicht um diesen Reinigungsvorgang und sieht lediglich das Golderz, scheint es einfach nur dunkle Erde oder Gestein zu sein. Wäre nun in diesem Gestein keinerlei Gold vorhanden, dann wäre man – unabhängig davon, wie sehr man sich auch bemüht – niemals von dem Erfolg gekrönt, Gold zu finden. Gäbe es von vornherein kein Gold, dann gäbe es auch keine Möglichkeit, es zum Vorschein zu bringen. Golderz enthält jedoch Gold; nur ist es eben in verschiedenen Unreinheiten eingeschlossen. Das Gleiche trifft auf den Geist zu: Er ist die Buddha-Natur, nur ist diese in Verdunkelungen eingeschlossen. Reinigen wir daher unseren Geist, indem wir diese Unreinheiten klären, werden wir die dem Geist innewohnende Weisheit entdecken.

Die Reinigung

Die Grundlage der Reinigung

Grundlage der Reinigung ist der Geist in seinem gegenwärtigen Zustand, in dem er umnachtet vom Schleier der Unwissenheit ständig illusionsbedingte Erscheinungen projiziert. Dies ist der Kontext, in dem wir den Reinigungsprozess durchlaufen.

Das Objekt der Reinigung

Das, was zu klären ist, sind die Verdunkelungen, zunächst die gröberen oder offensichtlichen, später die feineren. Die groben Hemmnisse bestehen in Geistestrübungen, karmischen Samen und karmischen Wirkungen. Die feinen Hemmnisse sind die kognitiven Hemmnisse in Bezug auf das, was erfahren wird, und die sehr feinen Hemmnisse sind jene in Zusammenhang mit meditativer Sammlung.

Geistestrübungen bestehen in allen negativen Geisteszuständen, seien sie intensiver oder subtiler Art; auch Unwissenheit und Zweifel zählen dazu. Die Hemmnisse im Sinn karmischer Samen sind jene Tendenzen, die sich aufgrund unseres ständigen Handelns im Geiststrom abspeichern und schließlich zu karmischen Wirkungen führen. Diese karmischen Wirkungen sind die Hemmnisse, die in den konkreten Lebenssituationen bestehen, in denen sich Lebewesen befinden, das heißt der Ort der Wiedergeburt und dergleichen. Es ist wichtig, sich dessen bewusst zu sein, dass unzählige Lebewesen aufgrund ihres Karmas nicht das großartige Glück einer menschlichen Wiedergeburt haben, so zum Beispiel, wenn sie als Tier wiedergeboren wurden. In diesem Fall haben sie nicht die Möglichkeit, einem spirituellen Weg zu folgen, zwischen gut und schlecht zu unterscheiden und einen Weg einzuschlagen, der zum Freisein von Leid führen wird.

Ein weiteres Beispiel derartiger Hemmnisse karmischer Wirkungen sind Wiedergeburten in Höllenzuständen. Auslöser für die Hemmnisse karmischer Samen und karmischer Wirkungen sind letztlich die Hemmnisse der Geistestrübungen. Die gefährlichsten von diesen dreien sind die karmischen Wirkungen. Um uns vor ihnen zu schützen, müssen wir uns von den Hemmnissen der karmischen Samen reinigen und fähig werden, keine neuen negativen karmischen Samen anzusammeln. Daher gilt es, sich von den Hemmnissen der Geistestrübungen zu reinigen.

Diese drei, Geistestrübungen, karmische Samen und karmische Wirkungen, sind also miteinander verbunden. Solange sie unseren Geist bestimmen, haben wir keine Chance, uns aus dem Daseinskreislauf zu befreien, weil wir ständig die gleichen Prozesse hervorbringen, die die Illusion des Daseinskreislaufs bewirken. Daher müssen wir zunächst diese drei Arten von Hemmnissen überwinden. Ist uns dies einmal gelungen, wird es leicht sein, auch die subtilen kognitiven Hemmnisse sowie die sehr subtilen in Zusammenhang mit meditativer Sammlung zu überwinden, die uns davon abhalten, uns in vollkommene Samādhi-Zustände zu vertiefen.

Die Methode der Reinigung

In der Kagyü-Tradition wird in diesem Zusammenhang die Mahāmudrā-Praxis in zweierlei Hinsicht empfohlen. Einerseits wird dafür die Methode der Reinigung in Form der tantrischen Sechs Yogas von Nāropa (1016–1100) gelehrt, eine Herangehensweise die »Weg der Methode« genannt wird. Andererseits gibt es die Methode der Reinigung, die auf bestimmten Schlüsselunterweisungen von Maitrīpa (986–1063) beruht und als »Weg der Befreiung« bezeichnet wird; dies sind die Lehren des »geistigen Nicht-Tuns« oder »Nicht-Vorstellens« bzw. »nicht-begriffliches Erkennen« (Sanskrit: *amanasikāra;* Tibetisch: *yila mi je pa*). Hier werden vier Yogas mit insgesamt zwölf Entwicklungsschritten hin zur Erkenntnis von Mahāmudrā unterschieden.[9] Beide Überlieferungen kamen mit Marpa, dem Übersetzer, nach Tibet und beide sind geeignete Vorgehensweisen. Sie werden Praktizierende dazu befähigen, alle Hemmnisse vollständig zu überwinden, die sie daran hindern, die wahre Natur des Geistes, die Buddha-Natur, zu erkennen. Sind sämtliche dieser Unreinheiten einmal entfernt, werden sich die verschiedenen Qualitäten der Weisheit, wie sie in diesem Text beschrieben sind, entfalten.

Die Wirkung der Reinigung

Die Wirkung der Reinigung ist die Weisheit eines Buddha.

Abschließende Empfehlung

Dies schließt meine Erklärungen basierend auf dem Werk *Aufzeigen der Buddha-Natur* des 3. Karmapa, Rangjung Dorje, ab. Genauso wie sein *Unterscheiden zwischen Bewusstsein und Weisheit* ist dieser Text für Dharma-Praktizierende und für all jene, die buddhistische Philosophie verstehen möchten, von großem Wert.

In der Dharma-Praxis sollte man von Anfang an und Schritt für Schritt fehlerfreie Methoden anwenden. Mit Hilfe dieser Methoden reinigen wir unseren Geiststrom von Unreinheiten und werden dadurch fähig, Befreiung vom Daseinskreislauf und das Erwacht-

9 Shamar Rinpoche gab in seinem Buch *Grenzenlose Weisheit* genaue Anleitungen zu dieser Herangehensweise.

sein zu erlangen. Diese Erkenntnis stellt sich ein, wenn wir unsere Unwissenheit überwunden haben und sich dadurch die wahre Natur unseres Geistes manifestieren kann.

Was die Methoden angeht: Um den Geist von Unreinheiten zu klären, mag es sein, dass man sich gern auf die eigene Meinung verlässt, mit welchen Methoden sich gute Wirkungen bis hin zum Erlangen des Erwachtseins erzielen lassen. Vielleicht setzen wir unser Vertrauen in verschiedene Formen von Philosophie, in Psychologie und Ähnliches. Man sollte jedoch zur Kenntnis nehmen, dass derartige Methoden ihre Grenzen haben und dass wir daher – wenn wir uns auf sie stützen, um das Erwachtsein zu erlangen – einer blinden Person ähneln, die durch die vielen Straßen einer Großstadt wandert. Es besteht keinerlei Sicherheit, wohin diese Person gelangt. Werden hingegen vollkommene und gut erprobte Methoden angewandt, ist dies als hätte die blinde Person ihr Augenlicht zurückgewonnen. Jetzt kann sie, ohne zu scheitern, ihr angestrebtes Ziel erreichen. Wir sollten daher von Anfang an die richtigen Methoden nützen. Stützt euch auf einen spirituellen Freund und praktiziert ohne Unterlass bis ihr das Erwachtsein erlangt.

Das Aufzeigen der Buddha-Natur

ein Werk des Dritten Karmapa, Rangjung Dorje[10]

Bezeugen von Verehrung

Ich verbeuge mich vor allen Buddhas und Bodhisattvas.

Kurze Erklärung anhand der Schriften

Aus dem Abhidharma Sūtra:

Es heißt: »Obwohl anfangslos vorhanden, gibt es ein Ende.
Das von Natur aus reine immer [gleiche] Phänomen
wird – da seit anfangsloser [Zeit] von Hüllen bedeckt – nicht erfasst,
wie zum Beispiel eine verborgene Figur aus Gold.«

»Das [Buddha-]Element aus anfangsloser Zeit
ist die Grundlage für alles, für jede Gegebenheit.
Und da es vorhanden ist, [gibt es] alle Lebewesen
und auch Nirvāṇa wird erlangt.«

Aus dem Hevajra Tantra:

»Lebewesen sind Buddhas an sich,
doch sind sie von oberflächlichen Schleiern verdunkelt.
Werden diese entfernt, dann sind sie Buddhas.«[11]
So ein Zitat aus den Tantras.

Ausführliche Bedeutung gemäß des Abhidharma Sūtra

Die Art und Weise der Anfangslosigkeit:

Hierbei bezieht sich »anfangslos« darauf,
dass davor rein gar nichts vorhanden ist.

10 Der in kursiver Schrift gehaltene Text beruht auf dem Kommentar von Kongtrul Lodrö Thaye. Eine englische Übersetzung desselben ist in Brunnhölzl, *Luminous Heart*, Snow Lion Publications 2009, enthalten.

11 Zitat, *Hevajratantra*, Teil 2, IV.69.

Zeit ist der jetzige Moment.
Wie sollte sie sich aus etwas anderem herleiten?

Die Bedeutung des Buddha-Elements:[12]
Das [Buddha-]Element hat keinen Schöpfer,
doch wird es, weil es seine
ihm eigenen Merkmale hat,
so [als Element] bezeichnet.

Die Gegebenheiten, die darauf beruhen:
Die Gegebenheiten sind Saṃsāra und Nirvāṇa,
dargelegt als zweifaches Erscheinen,
die sogenannte »Grundlage der Gewohnheitstendenzen der Unwissenheit«.
Die Bewegung der Formkräfte von richtigen und unrichtigen Vorstellungen,
ist die hervorbringende Ursache.
Als kausale Bedingung wird es als das »Allem-Zugrundeliegende« erklärt.

Das Buddha-Element als Basis:
Die Basis ist die Buddha-Natur.
Unrichtige Vorstellungen beruhen völlig
auf der Reinheit des Geistes.

Wie die Buddha-Natur derzeit vorhanden ist:
Eben diese Reinheit ist jetzt vorhanden.
Doch obwohl sie vorhanden ist,
wird sie aufgrund von Vorstellungen,
die [von] Unwissenheit [herrühren,] nicht erfasst
und so wird Saṃsāra [erlebt].

12 Der Begriff »Element« übersetzt das tibetische Wort *khams,* das wörtlich »Element« oder auch »Grundbaustein« bedeutet. Hier bezieht es sich auf das Potential der Buddha-Qualitäten und ist daher ein Synonym für Buddha-Natur.

Die Bedeutung von »Ende«:

Sind diese [Vorstellungen] beseitigt, wird Nirvāṇa [erlebt].
Hierfür wird die Konvention »Ende« verwendet.

Die Darlegung der richtigen und unrichtigen Vorstellungen
Wie Saṃsāra auf unrichtigen Vorstellungen beruht:

Anfang und Ende beruhen zur Gänze auf Vorstellungen.
Formkräfte, die wie der Wind sind,
bringen Handlungen und Geistestrübungen hervor,
und durch diese [kommt es] zur Manifestation aller Gegebenheiten des dualistischen Erscheinens, der Skandhas, Dhātus und Āyatanas.[13]

Die Wurzeln der Täuschung, Ergreifen und Ablehnen:

Der, der diese ergreift und ablehnt [unterliegt] einer Täuschung.
Werden die [dem Geist] zu eigenen Erscheinungen abgelehnt, wo sollten sie aufhören?
Werden die [dem Geist] zu eigenen Erscheinungen ergriffen, was wird gewonnen?
Ist dieses dualistische Festhalten nicht Lug und Trug?

Der Sinn der als Gegenmittel wirkenden Gedanken:

Das Wissen davon wird zwar als Gegenmittel gelehrt,
doch sind die Gedanken zur Nicht-Dualität nicht die Wirklichkeit,
da Begriffsfreies zur Vorstellung wurde.
Wird Form usw. in Teile zergliedert und so dessen Leere verstanden,
unterliegst du dann nicht einer Täuschung?
Dennoch wurde dies gelehrt, um so das Haften an wahrhafter [Existenz] zu beenden.

13 Die fünf Skandhas oder Daseinsgruppen sind: Form, Empfindung, Unterscheidung, Formkräfte und Bewusstsein. Die achtzehn Dhātus oder Elemente sind: die sechs Sinnesorgane, die sechs Aspekte von Sinnesbewusstsein und die sechs Sinnesobjekte. Die zwölf āyatanas oder Sinnesbereiche sind: die sechs Sinnesorgane mit ihrem jeweiligen Sinnesbewusstsein und die sechs Sinnesobjekte.

Die Darlegung der Buddha-Natur selbst:

Alles ist nicht wirklich und nicht trügerisch.
Weise verstehen es wie [die Spiegelung des] Mondes im Wasser.
Eben diese natürliche Bewusstheit
wird als der Raum der Phänomene (Dharmadhātu),
die »Natur der Siegreichen« bezeichnet.
Sie ist bei Edlen nicht besser und
bei [gewöhnlichen] Lebewesen nicht schlechter.
Auch wenn sie durchaus mit vielen begrifflichen Konventionen beschrieben wird,
wird ihre Bedeutung anhand von Schilderungen nicht erfasst.

Darlegung der Qualitäten

Kurze Erklärung:

Dass es [das Buddha-Element] in seiner ungehinderten Manifestation
64 [Buddha-] Qualitäten habe,
ist nur eine grobe [Schilderung]; denn jede einzelne, heißt es,
habe wiederum zehnmillionenfache [Vorzüge].

Ausführliche Darlegung:

Die 32 Qualitäten des Dharmakāya
Die zehn Kräfte

(1) Kenntnis dessen, was eine Grundlage ist und was keine Grundlage ist.
(2) Kenntnis der karmischen Handlungen und Auswirkungen,
(3) … der Veranlagungen,
(4) … der Fähigkeiten,
(5) … der Absichten,
(6) … aller Fahrzeuge, sowie
(7) … der meditativen Sammlung,
(8) das göttliche Auge,
(9) Erinnerung an Wiedergeburten und

(10) Frieden.

Dies sind die zehn Kräfte.[14]

Die vier Arten der Furchtlosigkeit

Darauf beruhen die vier Arten der Furchtlosigkeit, Unanfechtbarkeit

(11) im Erwachtsein in Bezug auf alle Gegebenheiten,
(12) ... beim Darlegen von Hindernissen,
(13) ... beim Aufzeigen des Wegs und
(14) ... in Bezug auf das Beenden.[15]

Die achtzehn Qualitäten, die nur einem Buddha zu eigen sind

Auf dieser Grundlage sind die achtzehn [Qualitäten]:
(15) keiner Täuschung zu unterliegen,
(16) kein müßiges Gerede,
(17) unbeeinträchtigte Erinnerung,
(18) ständige meditative Sammlung,
(19) keinerlei begriffliche Unterscheidungen,
(20) keine nicht-unterscheidende Gleichgültigkeit,
(21) unbeeinträchtigt sein im Streben,
(22) freudige Energie,
(23) Achtsamkeit,
(24) meditative Sammlung (Samādhi),
(25) Einsicht,
(26) die Einsicht der Weisheit der Befreiung,
(27–29) Weisheit, die den Handlungen vorausgeht, und
(30–32) Unverschleiertsein in Bezug auf Zeit.[16]
Diese 32 [Qualitäten] zu haben, ist der Dharmakāya.

14 Die Beschreibung der zehn Kräfte fassen die Strophen III.5–6 des *Uttaratantraśāstra* zusammen.

15 Die Beschreibung der vier Arten der Furchtlosigkeit ähnelt *Uttaratantraśāstra* III.8.

16 Die Beschreibung der achtzehn Qualitäten, die nur einem Buddha zu eigen sind, entspricht *Uttaratantraśāstra* III.11–13.

Wie sie nicht erscheinen, obwohl sie auch jetzt gegenwärtig sind:

Gegenwärtig ereignet sich das Gegensätzliche dazu.
Dadurch, dass das, was ist, nicht so bestimmt (erkannt) wird, wie es ist,
wird das Vorgestellte hervorgebracht,
[das heißt] aus Nicht-Existentem wird Existentes gemacht.
Das dadurch ausgelöste Erfassen ist die abhängige Natur.
Da das vollkommene Sein nicht wahrgenommen wird,
verfängt man sich in dem, was man selbst hervorgebracht hat.
Doch wie großartig: Sind die Qualitäten des Dharmakāya als wahr erkannt,
ist dies das Wissen um die Wirklichkeit.
[Auch] die derzeit geringen Fähigkeiten sind die Wirklichkeit.
Indem wir dieses Wissen verwerfen, bringen wir Unwirkliches hervor
und sind vereinnahmt von der Unruhe, dieses zu verfolgen.

Wie man sie erkennt, mit Zitaten:

Sich dessen, was ist, bewusst zu sein, so wie es ist,
[bedeutet] diese Fähigkeiten zu erlangen.
»Hiervon gibt es nicht das Geringste zu entfernen
und nicht das Geringste ist hinzuzufügen.
Die Wirklichkeit ist zu schauen, wie sie ist.
Sieht man die Wirklichkeit, ist man befreit.«[17]
»Der [Buddha-]Dhātu ist leer von Vorübergehendem,
das dadurch charakterisiert ist, dass es abtrennbar ist;
doch er ist nicht leer von unübertrefflichen Qualitäten,
die dadurch charakterisiert sind, dass sie nicht abtrennbar sind.«[18]

17 Zitat, *Uttaratantraśāstra* I.154. Dieses Zitat findet sich in einigen weiteren śāstras.

18 Zitat, *Uttaratantraśāstra* I.155.

Die Qualitäten der Form-Kāyas

Die Essenz der Qualitäten:

Darin ist die Natur der beiden Form-Kāyas
mit ihren 32 Zeichen und Merkmalen.

Die Begründung dafür, dass sie dem Körper innewohnen:

Die Qualitäten, die erlangt werden, sind im eigenen Körper,
in diesem Körper, der nicht von einem Ich, von Cha, īśvara,
Brahmā, aus äußeren, wahrhaften kleinsten Teilchen
oder aus etwas Verborgenem gemacht ist.
Ist diese unreine Manifestation von
Subjekt und Objekt der fünf [Sinnes-]Tore gereinigt,
wird zu diesem Zeitpunkt der Begriff des Erlangens angewandt.

Die reine und die unreine Ebene:

Daher sind Energiekanäle, Bewegungen und Tropfen[19]
wenn sie rein sind, der reine Form-Kāya.
Nicht gereinigt, sind sie der unreine Form-Kāya.

Erklärungen mithilfe eines Beispiels

Das Beispiel:

Zum Beispiel sind die Eigenschaften eines
unbehandelten blauen Berylls nicht offenkundig.
Erst nachdem er bearbeitet, mit Stoff und alkalischem Wasser
gesäubert,
mit Säure und einem Wolltuch gereinigt und
mit klarem Wasser und feinstem Kāśī-Tuch poliert wurde,
ist er rein, ein Juwel, die Quelle, die alle Bedürfnisse [erfüllt].

Verknüpfen des Beispiels mit der Bedeutung:

Mit dem blauen Beryll des Geistes verhält es sich ähnlich:
Um die drei Hüllen zu entfernen,
jene der Geistestrübungen, jene in Bezug auf das, was erlebt wird,

19 Sanskrit: Nāḍīs, Prāṇa und Bindu.

und jene hinsichtlich meditativer Sammlung,
reinigt man sich vollkommen auf den Wegen der Ansammlung
und der Überleitung,
auf den sieben unreinen [Bodhisattva-] Stufen und
auf den drei reinen.

Wie die zwei Vorstellungen überwunden werden:

Treffen die richtigen Vorstellungen auf die unrichtigen,
wird man frei von allen Vorstellungen,
ebenso wie zwei [aneinandergeriebene] Holzstücke gleichermaßen verbrennen.
Man wird frei von den vier Arten des Festhaltens an Merkmalen:
am Aufzugebenden, am Gegenmittel, an Vorstellungen über die Soheit, sowie an der Frucht.

Wie Reinheit erlangt wird, obwohl sie [die Buddha-Natur] unveränderlich ist, einschließlich der dies belegenden Schriften:

Zu dieser Zeit entfalten sich in jenen,
die mit dem raum[gleichen] Kāya
versehen sind, die Blüten der Merkmale.
»Gemäß der Reihenfolge unrein, unrein und rein,
sowie vollkommen rein
gibt es die Phasen der Lebewesen,
der Bodhisattvas und der Tathāgatas.«[20]
Obwohl diese genannt werden,
entsteht der Buddha-Zustand nicht neu.
»So wie vorher, so auch nachher:
die unveränderliche Buddha-Natur.«[21]
Das Freiwerden von Verunreinigungen, das ist es,
was als Veränderung bezeichnet wird.

20 Zitat, *Uttaratantraśāstra* I.47.
21 Zitat, *Uttaratantraśāstra* I.51cd.

Festlegen dieser Aussage durch Antworten auf Einwände
Zusammenfassung, warum die Qualitäten weder ohne Ursache noch aus äußeren Ursachen entstehen:

Jene mit falschen Anschauungen denken,
die Qualitäten eines Buddha würden ohne Ursache hervorgebracht
oder aufgrund von äußeren Ursachen und Bedingungen,
die nicht in einem selbst sind.
Worin bestünde da der Unterschied zur [Sicht der] Beständigkeit
bzw. der Vernichtung der Nicht-Buddhisten?

Gewissheit in Bezug auf den reinen und unreinen Geist:

Das Erscheinen von augenblicklich entstehenden und vergehenden Formkräften
gleicht den unreinen Formkräften.
Wäre dies nicht der Fall,
wäre die Aktivität der Form-Kāyas unterbrochen.
Jedoch wird dies nicht mit dem Begriff »Formkräfte«,
sondern als »unterscheidende Weisheit« bezeichnet.

Die Essenz der Weisheit, die sich in Handlungen manifestiert
Die Art, wie Subjekt und Objekt der fünf Tore erscheinen:

Was die Natur der großen Elemente usw. hat
und mit Festhalten versehen ist, zeigt seine kraftvolle Essenz.
Bei den Erscheinungen gibt es nicht den geringsten Unterschied
zwischen Illusion und Nicht-Illusion.

Der Unterschied zwischen Lebewesen und Buddhas:

Der Unterschied liegt darin, ob ein Festhalten an Dualität
vorhanden oder nicht vorhanden ist.
Wäre dem nicht so, wie könnte die Aktivität
eines Buddha [die Lebewesen] erreichen?

Das Wirken der Weisheit, die sich in Handlungen manifestiert
Der Grund für die Analogie:

Die Schilderung von Analogien
wie jener des wunscherfüllenden Juwels

vermittelt, dass sich die Fähigkeiten
frei von Vorstellungen manifestieren, …

Der Fehler, zu behaupten, Buddha-Aktivität ereigne sich nur im Geiststrom anderer:

… nicht aber, dass es sich nur im Geiststrom anderer [ereignen]
würde.
Wäre dem so, dann wäre der Geiststrom der anderen Weisheit.
Verträte man dies,
dann würde Weisheit zu Täuschung.

Erklärung, dass Erscheinungen nicht notwendigerweise Täuschung beinhalten, mit einem Gegenbeispiel:

Behauptet man, [Weisheit] halte
an ihren eigenen Erscheinungen fest,
würden auch Spiegelbilder zu etwas,
das begriffliche Vorstellungen des Festhaltens hat.

Weisheit, die die Vielfalt der Erscheinungen kennt, unterliegt keiner Täuschung Darlegung des Beispiels und dessen Bedeutung:

Sämtliche Täuschungen der Lebewesen
erscheinen der Weisheit zwar als Objekte,
doch ist Weisheit von den Täuschungen nicht beeinträchtigt.
So wie zum Beispiel im Raum das Entstehen und Vergehen
der großen Elemente erscheint, der Raum jedoch
davon nicht beeinträchtigt ist:
Er entsteht und vergeht nicht.[22]

Die Bedeutung davon, dass die Buddha-Natur mit erleuchtetem Wirken verbunden ist:

So erreicht die Weisheit der Siegreichen die Lebewesen,
doch bleibt die Soheit unbeeinträchtigt [von ihnen].
Man spricht in diesem Fall nicht von »Täuschungen«,
sondern von [Weisheit], die sich in Handlungen manifestiert.

22 Eine Zusammenfassung von *Uttaratantraśāstra* I.53–57 und 62.

Die Bedeutung der Weisheit der Gleichheit:

Der Geist, der gereinigt von den drei Hemmnissen verweilt, ist Gleichheit.
Dies ist auch Frieden.
Da sie mit großer Liebe und großem Mitgefühl versehen ist,
erscheint sie [den Lebewesen] als Saṃbhoga[kāya]- und in anderen [Formen].
Diese Feststellung dient dazu, die Auffassung mancher zurückzuweisen,
das Erlangen des Buddha-Zustands entspräche dem Kleinen Fahrzeug (Hīnayāna).

Erklärung der Art der Dauerhaftigkeit der drei Kāyas

Die Bedeutung der dreifachen Dauerhaftigkeit:

Weisheit ist in dreifacher Hinsicht dauerhaft:
Von Natur aus dauerhaft ist sie der Dharmakāya;
in ihrer Kontinuität dauerhaft ist sie der Saṃbhogakāya
und nicht abreißend ist sie der Nirmāṇakāya.[23]

Die Bedeutung der dreifachen Nicht-Dauerhaftigkeit:

Dabei gibt es eine dreifache Nicht-Dauerhaftigkeit:
Die intellektuell erzeugte Leere ist nicht dauerhaft,
der begriffliche Geist in seiner Bewegung ist nicht dauerhaft,
und die bedingten sechs Ansammlungen [die sechs Sinne] sind nicht dauerhaft.

Erklärung derselben als Weisheit bzw. Verunreinigung:

Darin ist jedoch die dreifache Dauerhaftigkeit vorhanden,
denn die drei Arten der Nicht-Dauerhaftigkeit sind Verunreinigungen,
während die drei Arten der Dauerhaftigkeit Weisheit als solche sind.

23 Zitat, *Mahāyānasūtrālaṃkāra* IX.66cd.

Das Überwinden diesbezüglicher Unsicherheit

Die Buddha-Natur entspricht nicht dem Selbst der Nicht-Buddhisten:

Sie [die Buddha-Natur] ähnelt nicht dem Selbst der Nicht-Buddhisten,
das geistig zugeschrieben ist, weil sie nicht begrifflich erdacht ist.

Der Frieden entspricht nicht jenem der śrāvakas und der Pratyekabuddhas:

Er [der Frieden] ähnelt nicht dem Frieden von Śrāvakas und Pratyekabuddhas,
weil er alle Qualitäten der Form-Kāyas zeigt.

Die Form-Kāyas sind nicht wie die Lebewesen:

Sie [die Form-Kāyas] entsprechen nicht dem Körper von Lebewesen,
da sie nicht durch einschränkende Bedingungen [von Karma und Kleśas] entstehen.

Die Bedeutung des Nicht-Zurückfallens:

Sie [die Buddhas] fallen nicht zurück,
weil das, was ist, so, wie es ist, verwirklicht wurde.

Die Bedeutung davon, dass es zu keinen Verunreinigungen mehr kommt:

Verunreinigungen erheben sich nie mehr wieder
weil er [der Buddha-Zustand] das Freisein von Vorstellungen der Getrenntheit ist.

Zusammenfassung.

Aus diesem Grund ist der Geist-an-sich, Buddha,
jetzt gegenwärtig, doch sind [wir uns] dessen nicht gewahr.

Gewissheit in Bezug auf die Darlegung der eigentlichen Essenz anhand von Schriften gewinnen

Aus dem »Schmuck der Mahāyāna Sūtras«:

Zum Zeitpunkt dieser Erkenntnis ist
»wie bei abgekühltem Eisen und von Katarakt geheilten Augen
keine Rede mehr davon, dass Geist und die Weisheit eines Buddha

existieren oder nicht-existieren.«[24]

Aus Nāgārjunas »Zwanzig Mahāyāna-Strophen«:
»Weil es im letztendlichen Sinn kein Entstehen gibt,
gibt es in Wirklichkeit auch keine Befreiung.
Der Buddha-Zustand ist wie der Raum
und Lebewesen haben die gleichen Merkmale.
Hier [Saṃsāra] und Dort [Nirvāṇa] sind nicht entstanden
und so existiert von Natur aus auch kein Nirvāṇa.
Daher ist Bedingtes vollkommen leer.
Dies liegt im Erfahrungsbereich der allwissenden Weisheit.«[25]

Aus dem »Letztendlichen Kontinuum des Mahāyāna«:
»Weil sie [die Buddha-Natur] subtil ist, ist sie kein Objekt des Lernens,
weil sie letztendlich ist, ist sie keines des Nachdenkens
und weil sie die tiefgründige Natur der Wirklichkeit ist,
ist sie kein Objekt weltlicher Meditation und dergleichen.«[26]

Zusammenfassung der Bedeutung, wie sie in den Sūtras und Tantras gelehrt wird:
Es ist der Erfahrungsbereich der selbst-erkennenden Weisheit:
Vertrauen in das, was selbst entstanden ist, bringt das Letztendliche hervor.
Ach! Da sie diese Seinsweise nicht begreifen,
irren die kindgleichen Wesen im Ozean von Saṃsāra umher.

Abschluss
Wie der Text verfasst wurde:
Durch die Kraft des großen Weisen [Śākyamuni],
Mañjuśrīghoṣa, Maitreya und Avalokiteśvara
verfasste [ich] Rangjung Dorje diesen Text.

24 Zitat, *Mahāyānasūtrālaṃkāra* IX.25.
25 Zitat, *Mahāyānaviṃśikā*, V.2–3.
26 Zitat, *Uttaratantraśāstra* II.32.

Wunschgebet:

Mögen alle Lebewesen diese Buddha-Natur
vollkommen und fehlerlos erkennen.
Dies beendet die Bestimmung (definitive Darlegung) der Buddha-Natur,
der Essenz des Vajrayāna.

Śubhaṃ

Anmerkungen

Zum Autor

Shamar Rinpoche, Mipham Chökyi Lodrö (1952–2014), war der 14. Shamarpa. Im tibetischen Buddhismus bezeichnet »Shamarpa« oder »Rot-Hut[-Lama]« die zweitälteste Reinkarnationslinie nach jener des Karmapa. Shamar Rinpoche, der aus Derge in Osttibet stammte, wurde im Jahr 1957 vom 16. Karmapa anerkannt und im Jahr 1963 als 14. Shamarpa inthronisiert. Auch der 14. Dalai Lama sprach ihm seine Anerkennung aus. Unter der Anleitung des 16. Karmapa und zahlreicher anderer buddhistischer Meister widmete sich Shamarpa viele Jahre dem Studium des Buddhismus und der Meditation. Ab 1980 lehrte er in Karma Kagyü-Zentren überall auf der Welt. Shamar Rinpoche war ein international hochgeschätzter verwirklichter buddhistischer Meister. 1996 begann er, die »Bodhi Path« Zentren zu organisieren, ein internationales Netzwerk buddhistischer Zentren, in denen Meditation frei von schulspezifischer Abgrenzung geübt wird. Außerdem gründete er im Laufe der Jahre einige gemeinnützige Organisationen, die weltweit karitativ tätig sind. So schuf er zum Beispiel Ausbildungseinrichtungen für Kinder in Armut und eine Organisation, die sich für die Rechte der Tiere einsetzt.

Zur Übersetzerin

Dr. Tina Draszczyk ist Tibetologin, Übersetzerin und Dharma- und Achtsamkeitslehrerin. Seit den frühen 80er Jahren lernte und praktizierte sie vor allem unter der Anleitung von Shamar Rinpoche. Seit den späten 80er Jahren übersetzte sie immer wieder für ihn. Von 1995 bis 2005 war sie als Übersetzerin am Karmapa International Buddhist Institute (KIBI) in Neu-Delhi tätig und vertiefte in dieser Zeit auch ihre eigenen buddhistischen Studien. Sie promovierte am Institut für Südasien-, Tibet- und Buddhismuskunde an der Universität Wien zum Thema Buddha-Natur und Meditationspraxis.

Zur Schreibweise

Im Gegensatz zur Sanskrit-Transliteration ist die genaue Transliteration des Tibetischen für jene, die mit dieser Sprache nicht vertraut sind, schwer zu lesen. Aus diesem Grund wurden im Text selbst die tibetischen Begriffe in einer allgemeinen Lautschrift wiedergegeben. Hier wird »ch« als »tsch« gesprochen, »j« als »dsch« und »sh« als »sch«. Eckige Klammern in den Übersetzungen tibetischer Texte kennzeichnen Einfügungen, die das Verständnis erleichtern sollen.

Fast durchgängig wurde in diesem Buch gegendert. Doch an manchen Stellen, an denen dies das Lesen unnötig erschwert hätte, wurden nur die Maskulin-Formen verwendet, die dann natürlich für beides stehen.

Buchtitel werden im vorliegenden Buch kursiv dargestellt, wenn es sich um Publikationen handelt, die unter diesem Titel herausgegeben wurden, z. B. *Grenzenloses Erwachen*. Titel in Sanskrit, Pāli und Tibetisch sind ebenso in Kursivschrift, z. B. das *Saṃdhinirmocanasūtra*.

Weitere Bücher von Shamar Rinpoche

GRENZENLOSES ERWACHEN
Das Herz buddhistischer Meditation

LOJONG
Der buddhistische Weg zu Mitgefühl und Weisheit

GRENZENLOSE WEISHEIT
Ein Handbuch zur Mahāmudrā-Praxis

DER KÖNIG DER WUNSCHGEBETE
Ein Kommentar zum Samantabhadra Wunschgebet

EIN WEG DER PRAXIS
Das Bodhi Path-Programm

SICHT & MEDITATION
Wesentliche Lehren einiger Shamarpas

EIN GOLDENER SCHWAN IN STÜRMISCHEN GEWÄSSERN
Leben und Zeit des 10. Karmapa, Chöying Dorje

BRINGING MIND TRAINING TO LIFE
Exploring a Concise Lojong Manual
(dt. Übersetzung geplant für 2023)

CREATING A TRANSPARENT DEMOCRACY
A New Model

Weitere Bücher des Norbu Verlags

Gampopa

Der kostbare Schmuck der Befreiung

Gebundene Ausgabe,
2 Lesebändchen
304 Seiten | € 26,90
ISBN 978-3-940269-00-3

Mipham Rinpoche

Das Tor zum Verständnis eines Pandita

übersetzt aus dem Tibetischen

Paperback
132 Seiten | € 22,–
ISBN 978-3-944885-34-6

Mahamudra
Das Licht des wahren Sinnes

Ein praxisbezogener Überblick über den Mahamudra-Weg

mit einer ausführlichen Biographie von Djamgön Kongtrül und den Lebensgeschichten der wichtigsten Mahamudra-Linienhalter

Gebundene Ausgabe, Lesebändchen
387 Seiten | € 28,90
ISBN 978-3-944885-00-1

Gampopa

Die kostbare Girlande für den höchsten Weg

Mündliche Unterweisungen von Djetsün Gampopa

Paperback
104 Seiten | € 16,90
ISBN 978-3-944885-02-5

Der Mahamudra-Meister Djetsün Gampopa

Sein Leben und Wirken

Gebundene Ausgabe
216 Seiten | € 24,90
ISBN 978-3-944885-24-7

Dom Robert LeGall, Lama Jigme Rinpoche

Der Pater und der Lama

Ein Dialog mit Frédéric Lenoir über die Natur des Geistes und das Wesen Gottes

Paperback
368 Seiten | € 24,00
ISBN 78-3-944885-20-9

Fred von Allmen

Die Freiheit entdecken

Grundlagen buddhistischer
Erkenntnis-Meditation

Paperback
168 Seiten | € 20,–
ISBN 978-3-944885-14-8

Tsültrim Allione

Tibets weise Frauen

Gebundene Ausgabe
398 Seiten | € 25,90
ISBN 978-3-944885-25-4